JN441387

make your own felt craft

Art&Life 07
펠트공예: 양모를 이용한 펠트 소품 만들기 32

2013년 12월 1일 1판 1쇄 발행

지은이 이재범, 한상미

펴낸이 김현표
주간 최진선
편집 원희진
디자인 이노을
사진 이재범, 김정회
삽화 이재범, 한상미

펴낸곳 **미진사**
주소 서울시 마포구 서교동 464-41 미진빌딩
전화 02-336-6084
팩스 02-338-5391
이메일 mijinsa@mijinsa.com
홈페이지 www.mijinsa.com
등록번호 제1-159호

ISBN 978-89-408-0463-6
978-89-408-0398-1(시리즈)
값 18,000원

Art & Life 07

펠트공예

양모를 이용한
펠트 소품 만들기 32

이재범 · 한상미 지음

미진사

차례

Part1
펠트공예
기초

Part2
펠트공예
초급과정

Part3
펠트공예
중급과정

Part4
펠트공예
고급과정

Part 1

펠트공예 기초

펠트 공예를 시작하기에 앞서 꼭 알고 있어야 할 지식,

준비해야 할 재료와 도구, 양모 다루는 방법,

기초적인 펠트 기법을 소개합니다.

001

펠트 이야기

펠트(felt)의 역사는 유목 문화의 산물로 시작되었다. 유목민들은 양을 기르면서 식용으로 사용하고 남은 양털은 추위와 더위를 이겨내기 위해 펠트로 만들어 사용하였다. 유목민들은 펠트를 의류뿐만 아니라 가재도구, 유목민의 이동주택(yurt), 생활필수품 등으로 다양하게 사용하였다.

펠트라는 용어는 그리스어로 '결합시키다'라는 뜻의 '풀젠(Fulzen)'에서 유래한 말로서 실이 되기 전의 섬유소를 축융해서 만든 섬유를 의미한다. 일반적으로 펠트라는 것은 모毛 섬유의 섬유소(비늘)에 물, 압력, 마찰 등의 물리적인 방법을 사용하여 만들어지는 섬유 원단을 말한다. 우리가 알고 있는 직물은 경사(날실)와 위사(씨실)에 의해 조직이 만들어지지만, 펠트는 접착제를 사용하지 않고도 불규칙적인 섬유소의 결합으로 만들어지는 독특한 원단이다.

펠트는 긴 역사를 가졌으며 오랫동안 인간과 함께해 온 친숙한 섬유이다. 펠트의 기원을 살펴보면, 기원전 9000년경 서아시아 지역의 한 유적에서 양이 사육된 사실이 최초로 확인되었다. 초기의 펠트 유물은 기원전 6000-5000년경 아나톨리아 고원 지대의 한 유적 카탈휘익에서 신석기 시대 인들에 의해 남겨졌으며. 오늘날까지도 남아 있는 유물을 통해 확인할 수 있다.

우리나라의 경우 양의 생산지가 아님에도 불구하고, 현재 일본 동대사 정창원에 보관되어 있는 8세기 전후 통일 신라 시대의 것으로 확인된 모전毛氈이라는 훌륭한 유물이 제작되었다. 정창원의 모전은 문양의 유무에 따라 화전花氈과 색전色氈으로 나뉜다. 이 두 제품은 캐시미어계 양모의 재질이며, 두께는 거의 비슷하게 만들어졌다.

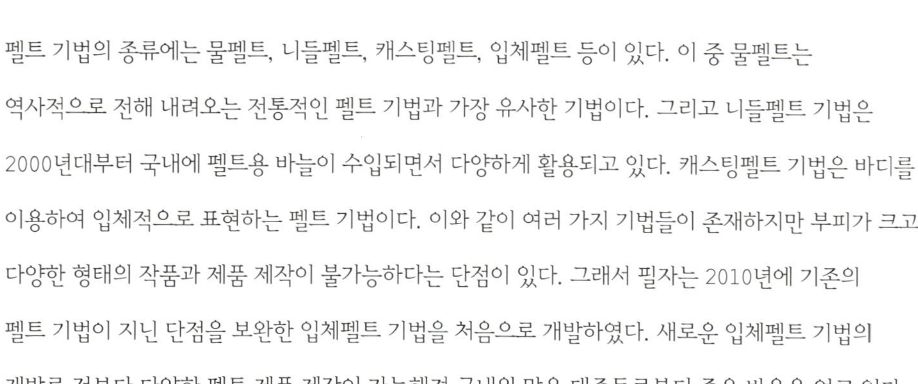

펠트 기법의 종류에는 물펠트, 니들펠트, 캐스팅펠트, 입체펠트 등이 있다. 이 중 물펠트는 역사적으로 전해 내려오는 전통적인 펠트 기법과 가장 유사한 기법이다. 그리고 니들펠트 기법은 2000년대부터 국내에 펠트용 바늘이 수입되면서 다양하게 활용되고 있다. 캐스팅펠트 기법은 바디를 이용하여 입체적으로 표현하는 펠트 기법이다. 이와 같이 여러 가지 기법들이 존재하지만 부피가 크고 다양한 형태의 작품과 제품 제작이 불가능하다는 단점이 있다. 그래서 필자는 2010년에 기존의 펠트 기법이 지닌 단점을 보완한 입체펠트 기법을 처음으로 개발하였다. 새로운 입체펠트 기법의 개발로 전보다 다양한 펠트 제품 제작이 가능해져 국내외 많은 대중들로부터 좋은 반응을 얻고 있다.

오늘날 펠트 공예는 전통공예에서 새롭게 변화, 발전되어 현대공예로 자리를 잡았다. 이것은 펠트 공예가 생활 공예의 대표적인 분야로 자리를 잡아가면서 쉽게 배워서 필요한 제품들을 스스로 만들어서 사용하는 것이 가능하기 때문이라고 생각한다. 그래서 현대인들은 이러한 펠트를 이용하여 옷을 만들기도 하고 브로치, 팔찌, 지갑, 신발, 가방, 인형, 장식품 등 다양한 패션 및 생활소품 등을 만들어 사용하고 있다. 현대인들에게 시각적인 따뜻함과 촉각적인 부드러운 물성을 줄 수 있는 펠트가 앞으로도 많은 연구와 개발을 통해 더욱 발전하길 바란다.

002

펠트 재료와 도구

양모의 종류와 특징

국내에서는 펠트 공예에 대부분 메리노 양모를 사용하고 있으며, 일부에서 코리데일 양모도 사용하고 있다. 펠트 공예에서 사용하는 양모는 대부분 원모의 상태로 거래되며, 한국에서는 수요의 전량을 오스트레일리아와 뉴질랜드 등지에서 수입하고 있다. 과거에는 원모와 원모를 염색한 컬러 양모가 전부 수입되었으나, 몇 년 전부터는 원모만 수입하고 국내에서 염색한 컬러 양모가 생산되고 있다.
현재 국내에는 약 100여 가지로 염색된 컬러 양모가 판매되고 있으며 굵기와 거친 정도에 따라 56수와 70수 양모로 구분된다. 펠트 공예 작업을 할 때는 비교적 얇고 거친 느낌의 56수 양모보다 두껍고 부드러운 70수 양모를 사용하는 것이 좋다.

메리노 Merino

메리노는 전 세계에 걸쳐 가장 많이 사육되는 종으로, 세계 양모 생산의 30%를 차지하며 원산지는 스페인이다. 메리노는 스페인 재래종과 아시아종 면양을 교잡시켜 개량한 품종이며 세계 각 국에 전파되어 그 지방에 알맞은 특성으로 개량되었다. 메리노 종에서 얻은 양털은 가늘고 촉감이 부드러우며 탄력성이 뛰어난 고급 양모다. 특히 오스트레일리아산과 뉴질랜드산 양모가 품질이 좋다.

코리데일 Corriedale

코리데일은 뉴질랜드에서 메리노종 암컷과 다른 종을 교잡해서 만든 종으로, 체질이 강건하고 기후와 풍토에 대한 적응력이 높다. 코리데일 종에서 얻은 양털은 메리노에 비해 결이 거칠며 잘 뭉쳐진다. 고급 양모인 메리노에 비해 양모의 품질은 보통이다.

양모 선택 팁

대부분의 펠트 작업에는 크게 두 가지로 구분하여 양모를 사용한다. 즉, 많이 사용하는 컬러 양모와 적게 사용하는 컬러 양모가 필요하므로 둘을 구분하여 구입하는 것이 좋다. 물론 컬러 양모가 많으면 많을수록 다양한 표현이 가능하겠지만 처음부터 모든 양모를 많이 구입할 필요는 없다. 만들려는 작품에 필요한 양만큼 구입해서 사용하는 것이 좋다.

· 많이 사용하는 컬러 양모 3가지 색 – 각 양모 300g 정도 구입
· 적게 사용하는 컬러 양모 10가지 색 이상 – 각 양모 30g 정도 구입

양모 색상표

재료와 도구

1 펠트용 니들

펠트 기법에 사용하는 펠트 전용 바늘이다. 1구, 2구, 3구, 5구 바늘이 있지만 가장 많이 사용하는 바늘은 1구 바늘이다. 현재 국내에서 판매하는 종류는 다양하지만 5구 리필용 바늘을 구입해서 한 개씩 사용하는 것이 가장 좋다.

2 바느질 바늘

모든 펠트 기법에 사용하는 재료이다. 길이와 실 구멍의 크기가 다른 바늘을 다양하게 구입하여 사용한다.

3 실

바느질용 바늘과 함께 모든 펠트 기법에 사용하는 재료이다. 일반 바느질용 실을 구입해서 사용하면 된다.

4 아이소핑크

캐스팅펠트와 입체펠트에 사용하는 재료로, 압축 강도에 따라 특호, 1호, 2호, 3호가 있다. 펠트 기법에 사용하는 아이소핑크는 특호와 1호를 구입하는 것이 좋다. 작업에 따라 두께를 선택하여 사용하며, 많이 두꺼운 아이소핑크가 필요할 때에는 여러 개의 아이소핑크를 스티로폼 본드로 붙여 사용하면 된다.

5 투명 고무판(2mm)

캐스팅펠트 기법에 사용하는 재료이다. 너무 얇거나 두껍지 않은 약 2mm 정도 두께의 고무판이 적당하다.

6 스티로폼 본드

캐스팅펠트와 입체펠트 작업 과정에 사용한다. 두꺼운 바디가 필요할 때 얇은 아이소핑크 여러 겹을 본드로 붙여서 사용한다. 이때 본드를 너무 두껍게 바르면 나중에 니들펠트 작업이 어려우므로 얇게 발라서 붙이는 것이 중요하다.

7 스펀지

양모를 펠트 바늘로 찔러서 작업할 때 바늘이 딱딱한 바닥에 닿아 부러지는 것을 방지하기 위해 사용한다.

8 물통

물펠트, 캐스팅펠트, 입체펠트 기법에서는 물을 이용한 펠트 작업 과정이 있다. 이때 물을 담아서 사용하는 재료이다.

9 저울

양모의 양을 잴 때 사용한다.

10 랩

아이소핑크를 이용하는 캐스팅펠트 작업 과정에 사용한다. 조각한 아이소핑크 위에 바로 양모를 씌우면 아이소핑크 가루가 묻기 때문에 먼저 랩으로 씌운 다음 양모를 씌운다.

11 칼과 칼날

캐스팅펠트와 입체펠트 작업 과정에 이용하는 바디를 조각할 때 사용한다. 그리고 캐스팅펠트 기법에서 압축된 펠트를 자를 때도 사용한다. 단단한 아이소핑크를 깎아야 하기 때문에 칼의 몸체가 플라스틱으로 된 것보다 쇠로 된 것을 구입하는 것이 좋다.

12 가위

모든 펠트 작업 과정에서 다양하게 사용한다.

13 장갑

캐스팅펠트와 입체펠트 기법에서 아이소핑크를 조각할 때 사용한다. 아이소핑크가 단단하기 때문에 손을 보호하기위해 반드시 장갑을 착용해야 한다.

14 물펠트용 그릇

니들펠트를 제외한 물펠트, 캐스팅펠트, 입체펠트 작업 과정에 사용한다. 물을 이용하여 양모를 압축해야 하기 때문에 작품의 크기보다 큰 그릇을 준비해서 사용한다.

15 비닐장갑

물펠트, 캐스팅펠트, 입체펠트 작업 과정에는 물을 이용한 압축 과정이 있다. 이때 맨손으로 물펠트를 하면 양모가 손에 달라붙기 때문에 비닐장갑을 끼고 작업하는 것이 좋다. 물펠트 작업을 끝내고 깨끗한 물로 헹군 다음에 비닐장갑을 벗어야 펠트의 표면이 매끄럽게 완성된다.

16 쟁반

모든 펠트 작업 과정에서 사용한다. 쟁반의 크기는 작품의 크기에 맞게 준비한다.

17 세제

물펠트, 캐스팅펠트, 입체펠트 작업 과정에는 물을 이용한 압축 과정이 있다. 주방세제 또는 세탁비누(약알칼리성)를 함께 이용하여 물펠트 작업을 한다.

펠트 공방

펠터 felter

http://blog.naver.com/felter
https://www.facebook.com/felterljb
서울시 송파구 문정동 86번지 2층

물펠트, 니들펠트, 캐스팅펠트, 입체펠트 등 모든 수제 펠트를 배울 수 있다.

02-430-8325 / 010-2977-8325

펠트 공예 재료 구매하기

펠트 공예 재료는 각 매장마다 가격이 다르므로 비교해서 구입하는 것이 좋다. 아래의 각 매장은 온라인과 오프라인 매장을 운영하고 있다.

위빙샵

www.weavingshop.co.kr
서울시 중구 충무로 1가 50-10
회현 지하상가 다 27, 28
02-753-8322 / 755-2459

화인센터

www.finecenter.co.kr
서울시 중구 장충동 1가 191-4 호인빌딩
02-2266-0207

디웨이

www.dway.co.kr
서울시 종로구 종로 6가 289-3
동대문 종합시장 A동 5009, 5010호
02-2272-5169

펠트하우스

www.felthouse.co.kr
서울시 종로구 종로 6가 289-3
동대문 종합시장 A동 5008호

벽과공간

서울시 중구 충무로 1가 52-41
회현 지하상가 라 20, 21
02-778-0040

003

양모 다루기

펠트 공예는 붓이 아닌 손을 이용하여 점, 선, 면 등 다양한 이미지를 표현해야 하기 때문에 주재료인 양모를 잘 다룰 수 있도록 준비 작업이 필요하다. 양모의 다양한 물성을 이해할 수 있도록 거의 모든 펠트 기법에 적용되고 있는 기본적인 표현 방법을 살펴보자.

1. 양모 분리하는 방법

모든 펠트 작업은 양모 분리 작업부터 시작된다. 평면뿐만 아니라 입체 작업 시에도 양모를 일정한 두께로 분리하여 사용한다. 양모가 너무 두껍거나 얇아지지 않도록 주의하며 분리한다.

TIP

구입한 양모의 무게에 따라 길이가 다르므로, 만들고자 하는 작품에 따라 분리할 길이를 조정해서 분리한다. 두께를 고르게 분리하지 않으면 완성했을 때 전체 두께가 일정하지 않게 된다. 그리고 밑에 있는 컬러 양모가 위에 있는 컬러 양모의 얇은 부분으로 올라와 결합되어 원하는 컬러로 완성하기가 어렵다.

1

전체 덩어리에서 원하는 길이만큼 양모를 천천히 부드럽게 당겨서 분리한다.

2

분리한 양모 양쪽을 잡고 가로 방향으로 분리한다.

3
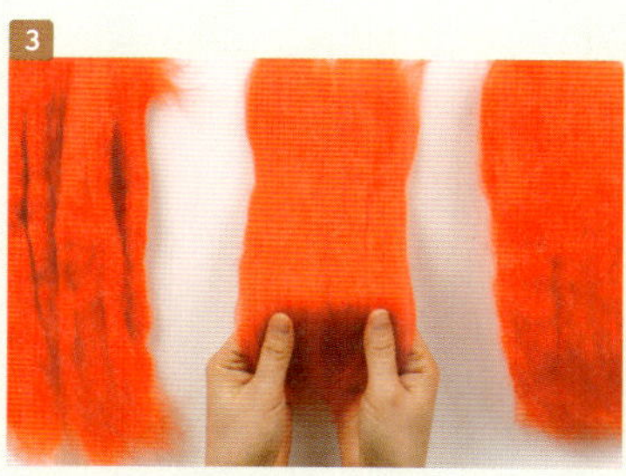
양모의 두께가 일정해지도록 펴 준다.

4
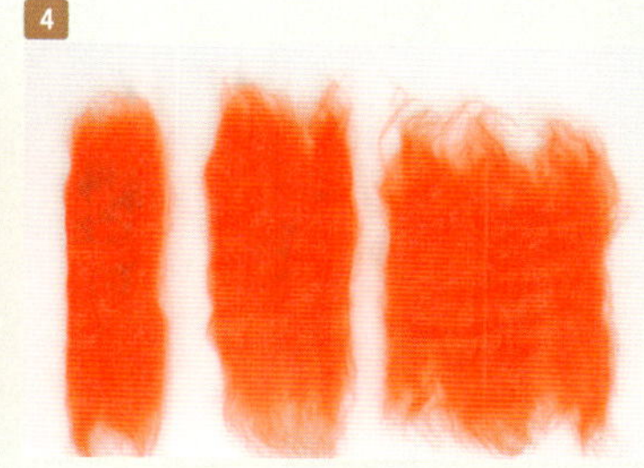
분리한 단계에 따라 두껍게, 중간 두께로, 얇게 등 두께를 조절할 수 있다.

2. 양모 색깔 혼합하는 방법

양모는 단색으로도 사용하지만 필요에 따라 두 가지 색 이상의 양모를 혼합해서 사용하기도 한다. 물감은 아무리 많은 색깔을 혼합하더라도 결국 한 가지 색이 나타나지만, 양모는 혼합된 양모의 수만큼 다양한 색채가 드러난다. 따라서 다른 색의 양모를 혼합하면 밀도 있는 표현과 회화적인 표현 등 다양하게 활용할 수 있다.

1

혼합할 비율에 맞게 양모를 준비한다.

2

양모를 가로 방향으로 분리한다.

3

두 가지 색을 겹쳐서 왼손으로 잡고 오른손으로 부드럽게 당긴다.

4

오른손으로 당겨서 분리된 양모를 다시 겹쳐서 반복적으로 혼합한다.

5

혼합되는 양모의 결이 일정하도록 같은 방향으로 당겨서 작업해야 한다.

6

원하는 색깔로 혼합이 되었을 때 작업을 끝낸다.

7

이와 같은 과정을 많이 반복하면 곱게 혼합되고(왼쪽) 적게 하면 거칠게 혼합된다(오른쪽).

8

네 가지색 양모를 혼합해서 얻은 양모

3. 양모에서 실 분리하는 방법

펠트 작업에서 선적인 표현을 하기 위해 실처럼 원하는 두께로 분리하는 방법이다. 단색 양모뿐만 아니라 색깔을 혼합한 양모에서도 실을 분리하여 다양한 표현에 사용할 수 있다.

TIP

실처럼 꼰 양모는 펠트 회화에서 형태를 잡거나 선적인 표현을 할 때, 펠트 끈 등을 만들 때 유용하게 사용된다. 분리하는 과정에서 양모가 끊어지지 않게 하기 위해서는 너무 얇지 않게 일정한 두께로 분리하는 것이 중요하다.

1

왼손으로 양모를 살짝 잡고 오른손으로 천천히 당기면서 원하는 실의 두께만큼 분리한다.

2

오른손으로 양모를 당기며 꼬아 주면 실의 두께를 확인할 수 있다.

3

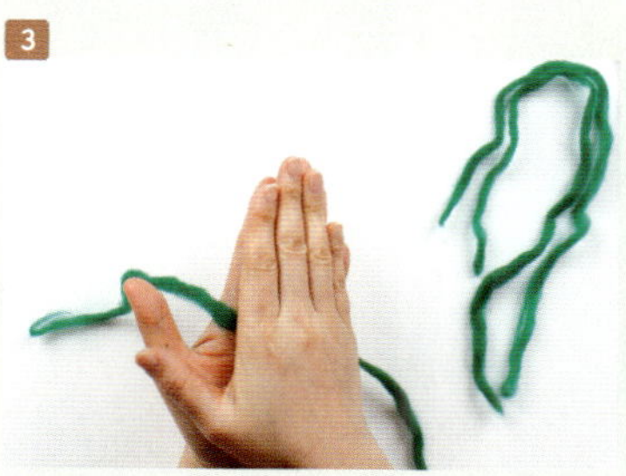

원하는 길이만큼 실을 분리하고 양손으로 누르면서 비비면 실의 부피가 줄어들면서 사용하기에 적합해진다.

4

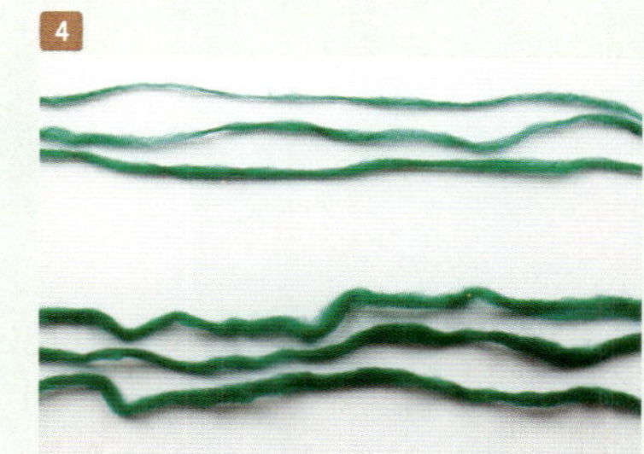

양모에서 다양한 두께로 분리한 실

4. 쌓은 양모를 니들로 찔러 고정하는 방법

물펠트, 캐스팅펠트, 입체펠트는 양모를 평면 또는 입체로 쌓거나 씌워서 작업한다. 이와 같은 작업 과정에서 쌓거나 씌운 양모를 니들로 찔러 임시 고정해 가며 작업해야 양모의 흐트러짐 없이 작업할 수 있다.

1

양모를 분리하여 쌓는다.

2

쌓은 바탕 양모를 손으로 누른다.

3

니들이 바닥에 닿지 않게 약 45도 기울여서 찔러 양모를 고정한다.

4

양모를 고정할 때는 부분이 아닌 전체적으로 찌르며 작업한다.

5

니들로 많이 찌를수록 쌓은 바탕 양모가 확실하게 고정된다.

6

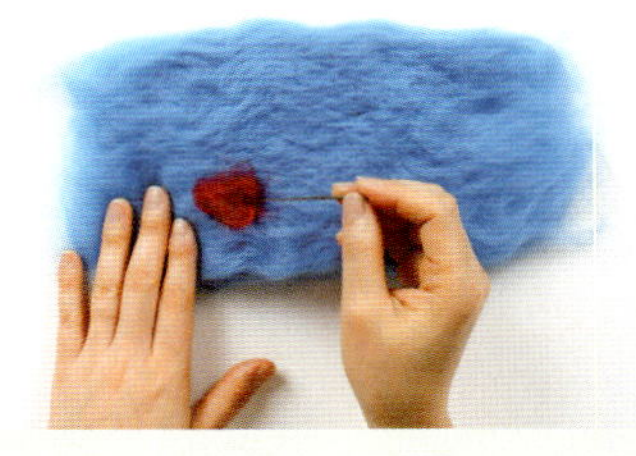

바탕 양모 위에 이미지를 표현할 때에도 컬러 양모를 쌓고 니들로 찔러 고정한다.

7

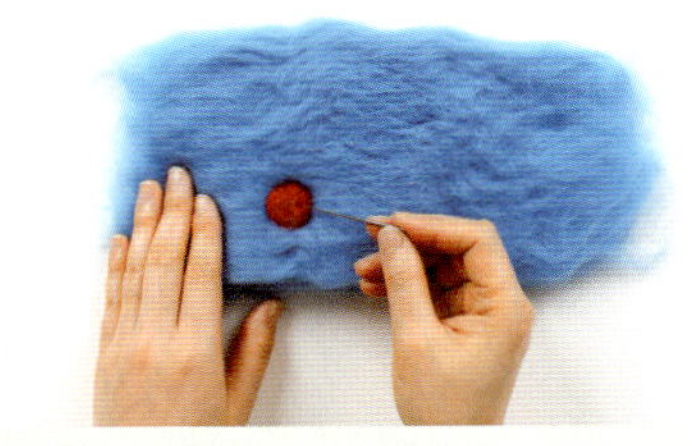

니들로 찌르면서 이미지 표현과 고정 작업을 동시에 할 수 있다.

8

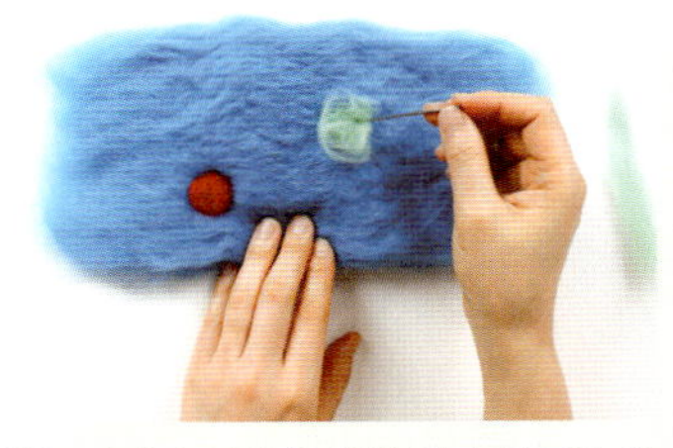

원하는 이미지 표현을 위해 컬러 양모를 쌓으며 니들로 찔러 고정한다.

9

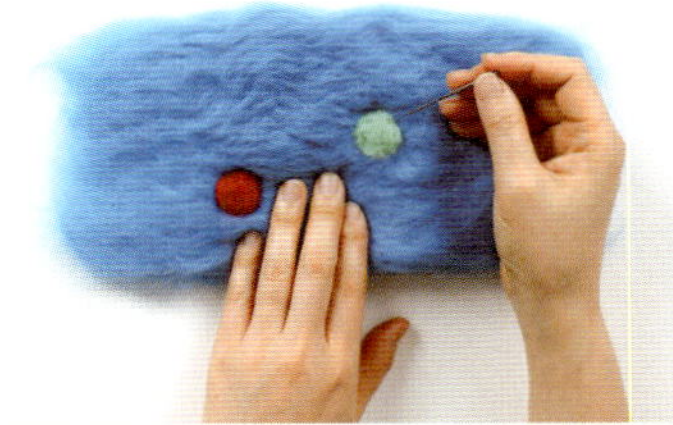

니들로 찔러 고정된 이미지는 물펠트 과정에서 떨어지거나 흐트러짐이 없는 장점이 있다.

5. 양모의 겹치는 부분을 없애는 방법

모든 펠트 작업에서는 양모를 쌓거나 씌울 때 양모의 이음새 부분을 없애는 작업이 필요하다. 양모와 양모가 만나는 이음새 부분은 2겹의 양모를 적절하게 겹쳐서 표현하면 된다.

TIP

양모의 면과 면이 만나는 이음새 부분은 양모를 손으로 당겨서 없애는 것이 중요하다. 이 부분을 소홀히 한 채 물펠트 작업을 하면 이음새 부분이 그대로 드러나 하나의 원단처럼 보이지 않게 된다.

1

먼저 쌓은 오른쪽 노란색 양모의 겹치는 부분을 손으로 얇게 당긴다.

2

나중에 쌓은 왼쪽 양모도 겹치는 부분을 손으로 얇게 당긴다.

3

오른쪽에 2겹째 쌓을 때도 양모의 겹치는 부분을 손으로 얇게 당긴다.

4

왼쪽에 2겹째 쌓을 때도 양모의 겹치는 부분을 손으로 얇게 당긴다.

5

이같은 작업으로 중앙에 있었던 겹치는 부분은 없어진다.

6. 완성된 펠트의 크기와 두께를 알 수 있는 방법

펠트 공예에서 대부분의 사람들이 가장 어려워하는 부분이 바로 펠트를 원하는 크기와 두께로 만드는 작업이다. 양모는 힘으로 압축해 완성하기 때문에 손으로 양모를 세게 누르거나 돌려서 두께를 예측할 수 있다.

● 펠트끈에서 두께를 알 수 있는 방법

1

펠트끈의 두께를 알아보기 위해 양모를 일정한 두께로 분리한다.

2

분리한 양모를 양손으로 누르며 꼬아 주면 완성 시 펠트끈의 두께를 알 수 있다.

● 평면펠트에서 두께를 알 수 있는 방법

1

평면펠트에서 완성된 두께를 알 수 있게 양모를 여러 겹 쌓는다.

2

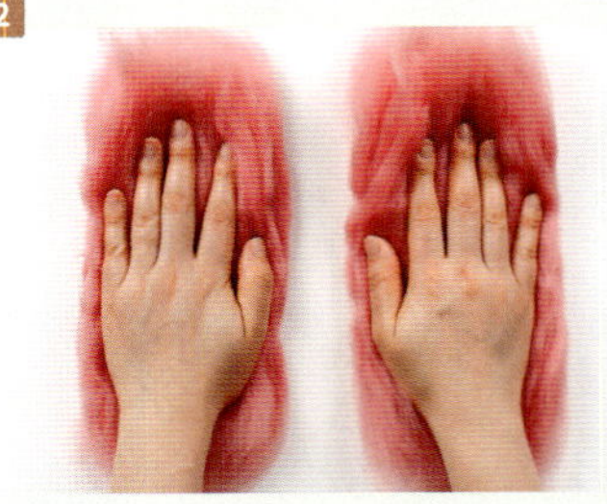

손으로 꾹 눌러 보면 완성될 펠트의 두께를 알 수 있다(왼쪽은 3겹, 오른쪽은 6겹).

● 평면펠트에서 물펠트 이후 크기 변화를 알 수 있는 방법

1

파란색 양모를 2겹 쌓는다. 전체 크기는 19×18cm이다.

2

적당한 물과 세제를 이용하여 손으로 압축한다.

펠트의 크기는 상하좌우의 압축 방향, 작업하는 사람의 힘, 압축 시간 등 다양한 조건에 따라 크기가 달라진다. 완성될 크기를 예측하기 어려운 관계로 많은 경험을 통해 데이터를 만들어 가야 한다. 이처럼 손으로 만드는 펠트는 가죽이나 재단펠트와는 다른 물성을 가지고 있다. 이러한 펠트의 물성을 잘 이해한다면 원하는 모든 펠트 작업을 할 수 있을 것이다.

TIP

평면펠트의 물펠트 과정에서는 펠트를 가로로 접는 것과 세로로 접는 것에 따라 펠트의 크기가 달라진다. 예를 들면 물펠트 작업 과정에서 펠트를 세로로만 접어서 압축하면 펠트의 가로 길이가 작아지며, 가로로만 접어서 압축한다면 세로 길이가 작아지므로 유의하며 작업하는 것이 좋다. 평면펠트에서는 손바닥으로 누르며 압축하는 것보다 시작해서 10분 이후부터 펠트를 접거나 말아서 압축하는 방법이 빨리 압축이 된다.

3

압축 작업은 40분 정도 소요되며 10분 이후에는 접거나 말아서도 압축이 가능하다.

4

접어서 압축 작업을 할때 한 방향으로만 접지 말고 접는 방향을 바꿔 가며 한다.

5

펠트를 말아 가며 압축 작업을 해도 된다.

6

가로와 세로를 번갈아 말아서 압축한다. 그리고 충분히 세척하여 건조한다.

7

다 건조되어 완성된 펠트의 전체 크기는 15.5×13cm이다.

7. 펠트의 자른 부분 마무리하는 방법

물펠트 작업 과정 중에 원하는 형태를 얻기 위해 가위나 칼로 펠트를 자르는 경우가 있다. 이때 자른 펠트를 그냥 두고 마무리하면 자른 부분에서 계속적으로 양모 가루가 떨어진다. 그렇기 때문에 자른 부분은 반드시 물펠트 작업을 통해 압축하여 마무리하는 것이 중요하다.

TIP

펠트를 가위나 칼로 자르고 압축하는 작업은 물펠트의 압축 작업이 거의 끝나갈 때쯤 작업하는 것이 좋다. 왜냐하면 물펠트 작업 과정이 끝나고 건조시킨 후에 다시 압축 작업을 하게 되면 물을 다시 사용해야 하고 그만큼 시간이 많이 소요되며 번거로워질 수 있기 때문이다.

1

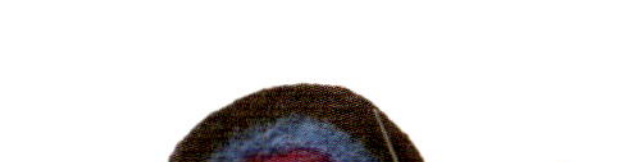

물펠트 작업에서 압축 작업이 90% 정도 되었을때 가위나 칼로 펠트를 자른다.

2

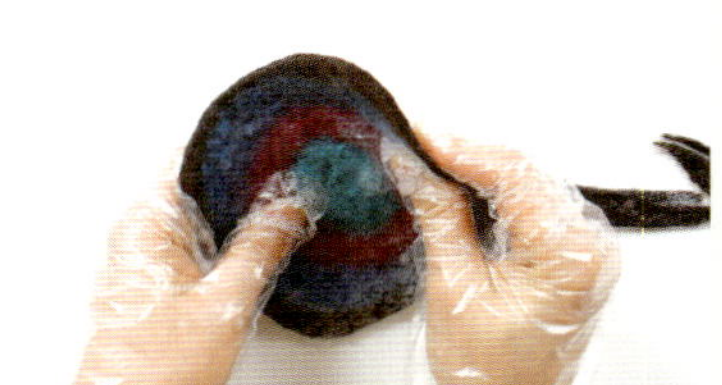

자른 단면은 물과 세제를 이용하여 손으로 압축한다.

3

이때 손가락으로 압축하는 것보다는 손바닥을 이용하여 압축하는 것이 효과적이다.

4

펠트를 접어서 손바닥으로 압축해도 된다.

5

자른 부분이 마무리된 모습

8. 평면펠트 위에 니들펠트 작업하는 방법

평면펠트 위에 니들펠트 작업을 할 때에는 니들이 부러지는 것과 위에 있는 양모가 뒷부분에 딸려 나오는 것을 막기 위해 니들을 약 45도 기울여서 찔러 가며 압축한다. 평면펠트가 너무 얇으면 니들펠트 작업이 어려워지므로 어느 정도의 펠트 두께(분리된 양모 4겹 이상)를 만든 다음 니들펠트 작업을 해야 된다.

TIP

니들 끝부분을 잡고 기울여 바깥쪽에서 안쪽으로 찌르도록 하며, 부분적으로 하는 것보다 전체적으로 찌르면서 작업하는 것이 좋다. 니들펠트 작업을 하면 반드시 니들 자국이 남기 마련인데, 이 자국은 많이 찌를수록 적게 보이게 된다. 니들 자국을 없애기 위해 물펠트 작업을 할 필요는 없다.

1

완성된 평면펠트 위에 황토색 양모를 덧댄다.

2

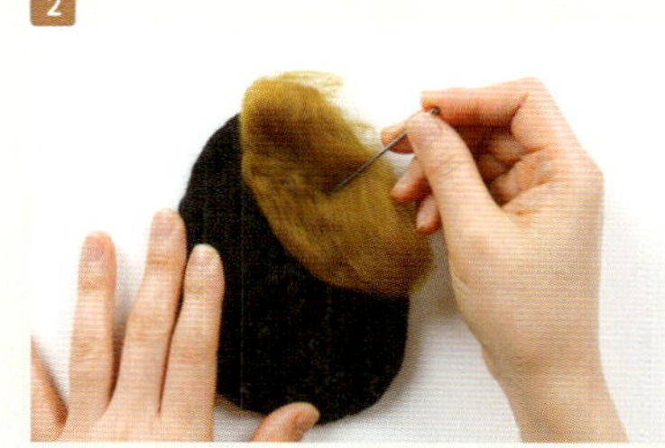

덧댄 양모에 니들을 45도 기울여 찔러서 결합한다.

3

원하는 형태를 잡아 가면서 니들로 찔러 결합한다.

4

덧댄 양모가 완전히 결합될수 있도록 니들로 충분히 찔러 준다.

5

니들 작업 중에 수시로 뒤집어서 덧댄 양모가 뒷면에 튀어나왔는지 확인한다.

9. 니들펠트 작업하는 방법

니들펠트 작업은 다양한 펠트 기법과 혼합하여 사용하는 것이 좋다. 니들펠트 작업의 단점은 양모를 니들로 압축하기 때문에 작업 시간이 다른 펠트 기법에 비해 많이 걸린다는 것이다. 그래서 효과적인 펠트 작업을 위해서는 물펠트, 캐스팅펠트, 입체펠트 중 하나 이상의 기법과 혼합하여 작업하는 것이 좋다.

TIP

펠트용 니들은 밑에서 약 1.5~2cm의 요철이 있는 삼각면에 의해서만 결합이 된다. 그러므로 덩어리가 큰 양모에서 작업을 시작할 때는 덩어리의 깊숙한 중앙 부분부터 니들을 찌르기 시작해 점점 외곽으로 나와 가며 찔러야 한다. 처음부터 덩어리의 외곽 부분만 찌르면 중앙 부분은 결합이 되지 않아 단단한 펠트를 완성할 수 없다.

1

노란색 양모를 분리하여 손과 니들을 이용하여 대략적인 형태를 잡는다.

2

덩어리의 가장 중심에서부터 니들로 찔러 압축해야 한다.

3

먼저 깊숙한 곳이 압축되었으면 다음은 니들을 반 정도 넣고 찌르며 압축한다.

4

덩어리의 중심 부분이 어느 정도 압축되었으면 다음은 외곽 부분 압축을 위해 니들의 요철 부분만을 넣고 찔러 압축한다.

10. 펠트 가방끈 만드는 방법

펠트 작업에서는 양모를 이용하여 원하는 형태의 가방끈을 만들 수 있다. 기성품과는 다르게 디자인뿐만 아니라 컬러, 길이, 두께 등 만들고자 하는 제품에 어울리도록 제작할 수 있다.

1

펠트끈을 만들기 위해 양모를 원하는 두께로 분리한다.

2

두께가 결정되면 양모를 일정하게 분리한다.

3

둥근 끈을 만들기 위해 한쪽 양모를 먼저 안으로 감는다.

4

나머지 한쪽 양모도 당기면서 둥글게 감는다.

5

당기면서 감은 다음에는 니들로 찔러 풀리지 않게 고정한다.

6

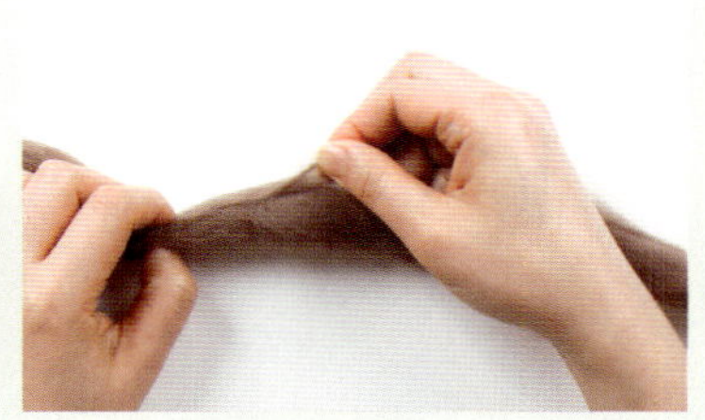

겹치는 부분이 생기면 양모를 손으로 살짝 잡아당겨서 없앤다.

7

니들로 찔러 겹치는 부분이 잘 고정될 수 있게 한다.

8

물펠트 작업을 쉽게 하기 위해서 끈을 니들로 많이 찔러 고정한다.

9

이렇게 만든 끈을 물펠트로 압축하여 완성한다.

11. 펠트 위에 바느질하는 방법

펠트와 가장 잘 어울리는 기법이 바느질이다. 천이 아닌 펠트에 바느질을 할 때에는 뒷면에서 바늘 땀이 안보이도록 펠트의 두께 절반만 이용하여 바느질한다. 그리고 부드러운 펠트인지, 단단한 펠트인지에 따라 실을 잡아당기는 힘을 적절하게 조절하면서 작업하는 것이 좋다.

TIP

펠트 위에 표현하는 바느질 기법은 일반적인 홈질보다 더 튼튼하게 할 수 있는 반박음질이 좋다. 바느질을 시작할 때 매듭 지은 부분의 실을 살짝 잡아당겨 펠트 속으로 들어가게 해서 안보이도록 한다.

1

뒤에서 앞으로 바늘을 올려서 시작한다.

2

뒷면에 바늘 땀이 나타나지않도록 펠트두께의 절반만 이용하여 바느질(반박음질)한다.

3

바늘 땀이 일정하도록 유의한다.

4

원하는 이미지대로 바느질한다.

5

바느질 과정 중 펠트의 뒷부분

12. 입체 바디에 랩 씌우는 방법

아이소핑크를 이용한 캐스팅펠트 작업은 완성 후 바디를 분리해야 된다. 펠트와 바디의 수월한 분리를 위해 양모를 씌우기 전에 먼저 랩을 씌워야 한다. 반면 입체펠트 작업은 완성 후 바디를 분리하지 않기 때문에 랩을 씌우지 않아도 된다.

TIP

아이소핑크 바디 조각을 마친 후에는 충분히 털어서 가루를 제거해야 한다. 아이소핑크 가루가 랩 겉면이나 양모에 묻으면 제거하기 어렵기 때문에 주의하도록 한다. 캐스팅펠트 작업에 사용하는 아이소핑크 바디는 계속해서 재사용할 수 있지만 한번 사용한 랩은 다시 사용할 수 없다.

1

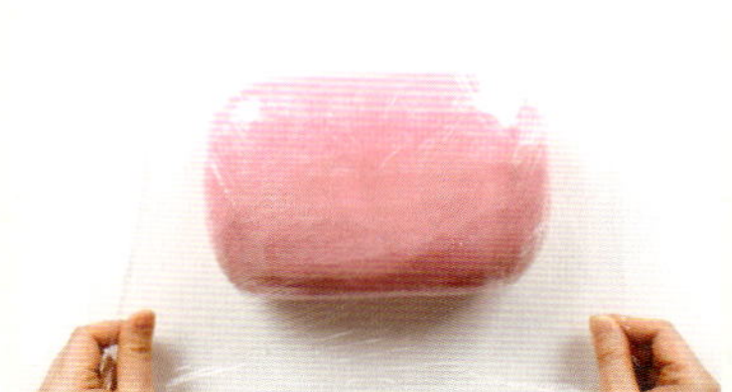

아이소핑크 바디 위에 랩을 당겨서 씌운다.

2

바디의 측면도 꼼꼼하게 씌운다.

3

바디 전체에 랩을 2겹 씌운다.

004

펠트 기법

다양한 펠트 기법을 경험해 보면 원하는 작품을 만들 때 그 작업에 적합한 펠트 기법을 선정 및 혼합해서 만들 수 있는 능력을 갖출 수 있다. 한 가지 펠트 기법으로만 완성하는 것은 부족한 점이 많기 때문에 여러 펠트 기법을 혼합해서 작업하는 것이 중요하다.

1. 니들펠트

요철이 있는 펠트용 니들을 이용하여 양모를 압축시키는 펠트 기법이다.
니들 작업으로만 압축하기 때문에 펠트 기법들 중 유일하게 물을 사용하지 않는다.

1 양모를 준비한다.

2 황토색 양모를 4겹으로 접는다.

3 겹치는 부분을 니들로 찔러 고정한다.

4 네모 형태의 모서리 부분을 니들로 찔러 둥근 형태로 만든다.

5 덩어리의 중심에서부터 외곽 쪽으로 니들을 찔러 가며 형태를 잡아 준다.

6 반복적인 니들 작업으로 압축된 쿠키 형태를 만든다.

7 쿠키의 측면에 진갈색 양모를 덧대고 니들로 찔러 결합한다.

8 섬세한 쿠키 가장자리를 니들로 찔러 표현한다.

9 완성

2. 물펠트

물과 세제를 이용하여 양모를 압축시키는 방법으로 가장 기본적이며 전통적인 펠트 기법이다.

TIP

물펠트 작업에서는 양모가 적셔질 정도의 적당한 물을 이용하여 압축하는 것이 중요하다. 물의 양이 너무 많으면 압축 작업이 어려워지며, 세제의 양이 많을 때도 거품 때문에 컬러 양모로 표현한 이미지를 확인해 가며 작업하기가 어려워진다.

1

양모를 준비한다.

2

연노란색 양모를 일정하게 분리한다.

3

분리한 연노란색 양모를 3겹 쌓는다.

4

네모 형태의 모서리 부분을 니들로 찔러 둥근 형태로 만든다.

5

뒷면을 정리하기 위해 뒤집어 양모를 당기면서 니들로 찔러 고정한다.

6

노란색 양모를 연노란색 양모 위에 2겹 쌓고 니들로 찔러 둥글게 고정한다.

7

연갈색 양모를 노란색 양모 위에 2겹 쌓고 니들로 찔러 둥글게 고정한다.

8

진갈색 양모를 연갈색 양모 위에 2겹 쌓고 니들로 찔러 둥글게 고정한다.

9

다 쌓은 양모를 니들로 많이 찔러 고정한다.

10

양모가 적셔질 정도의 물을 조심스럽게 붓는다.

11

세제 소량을 물과 섞어 거품을 낸다.

12

물과 세제를 이용하여 손으로 압축한다.

13

압축 작업은 30분 정도 소요되며 10분 이후에는 접거나 말아서도 압축이 가능하다.

14

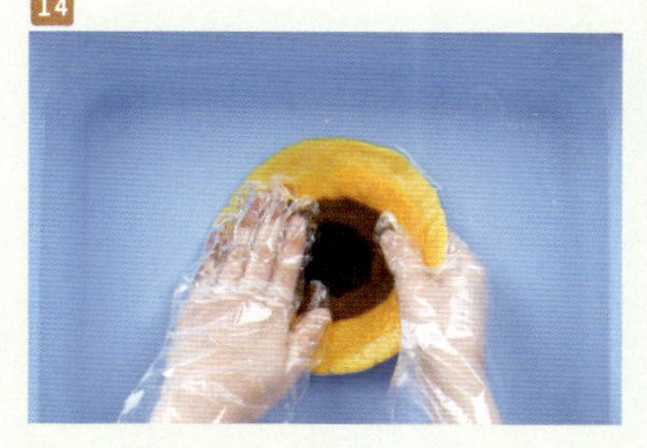

압축 작업이 끝나면 물을 이용해 거품이 완전히 제거되도록 충분히 세척한다.

15

완성

3. 입체펠트

입체적인 바디에 양모를 씌우고 압축하는 펠트 기법이다.

1 아이소핑크에 밑그림을 그린다.

2 밑그림대로 대강 조각한다.

3 세밀하게 조각하고 날개 부분을 펜으로 표시해서 조각한다.

4 조각을 완성한 바디

5 흰색 양모를 일정하게 분리한다.

6 흰색 양모를 당기면서 씌운다.

7 양모의 겹치는 부분을 니들로 찔러 고정한다.

8 바디의 양쪽 면도 양모를 씌운다.

9 흰색 양모를 단계적으로 2겹 씌우고 바디에 밀착되게 니들로 찔러 고정한다.

TIP

양모를 바디에 최대한 밀착되게 씌워서 물펠트를 해야 한다. 그렇지 않으면 바디 위에 씌운 양모의 부피가 커져서 물펠트가 어려워진다. 이럴 때는 바디를 중심으로 상하좌우 공간을 고르게 두고 바디 중앙으로 밀면서 압축하면 된다. 양모가 바디보다 크게 씌워지면 바디를 제외한 양모끼리만 결합되기 때문에 수시로 확인해 가며 작업하도록 한다.

10

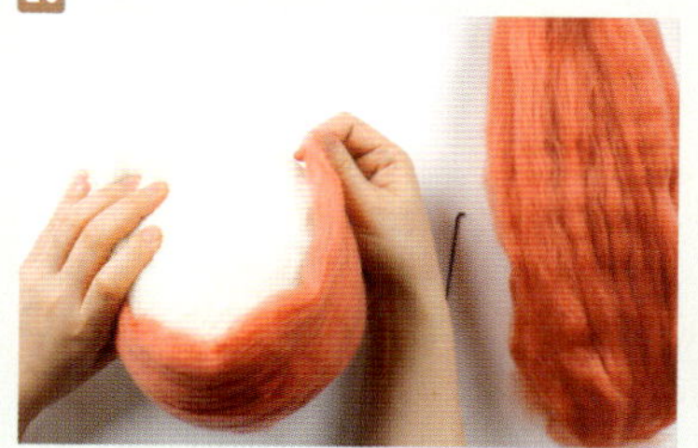

연주황색 양모를 흰색 양모위에 당기면서 씌운다.

11

겹치는 부분을 니들로 찔러 고정한다.

12

연주황색 양모를 단계적으로 2겹 씌우고 바디에 밀착되게 니들로 찔러 고정한다.

13

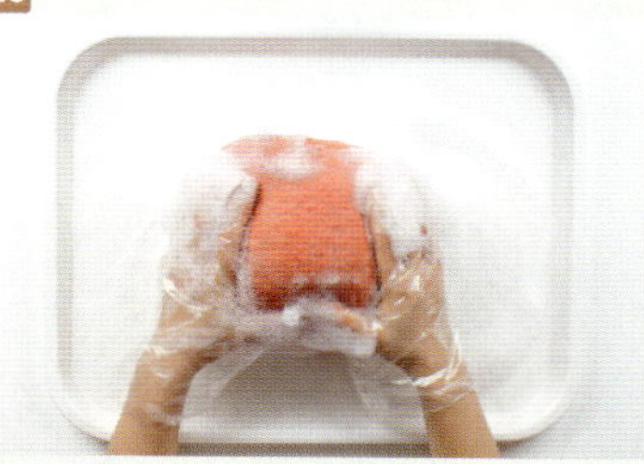

적당한 물과 세제를 이용하여 양모가 바디에 완전히 밀착되게 압축한다.

14

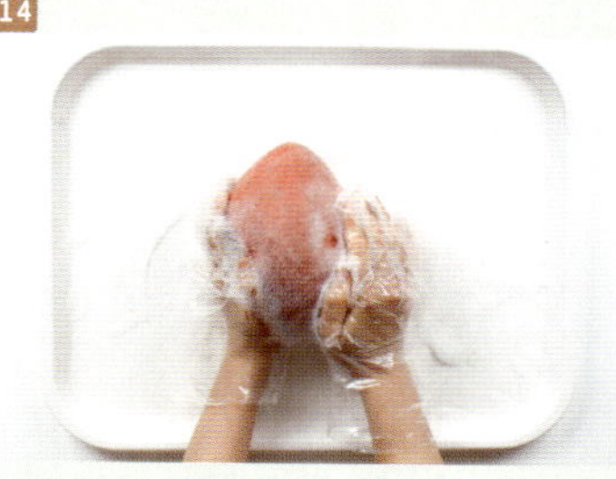

압축 작업은 60분 정도 소요된다.

15

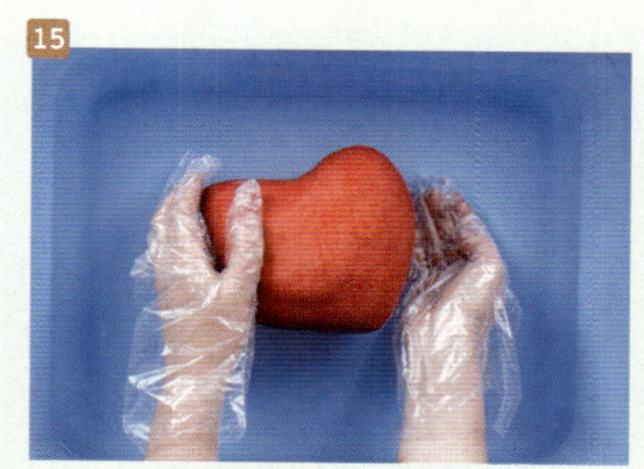

압축 작업이 끝나면 충분히 세척하여 건조한다.

16

니들로 날개 부분을 찔러 표시한다.

17

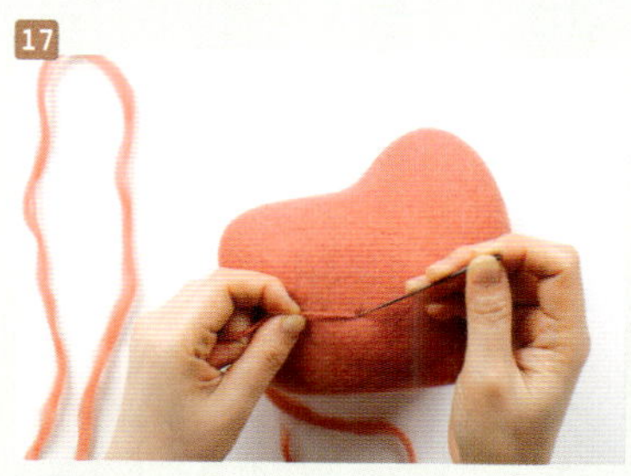

양모를 적당한 굵기로 분리해서 날개 부분을 표현한다.

18

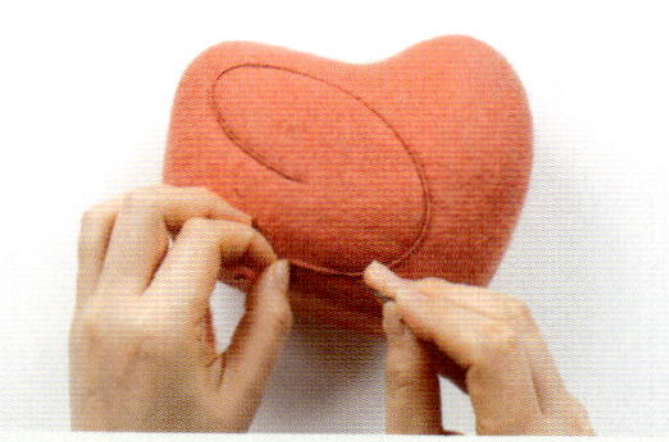

분리한 양모를 손으로 꼬아 주면서 니들로 찔러 결합한다.

TIP

입체펠트는 캐스팅펠트와 다르게 물펠트 작업 후에 바디를 제거하지 않는다. 그래서 니들 작업을 할 때에는 니들을 기울여서 작업하지 않고 수직으로 찌른다. 그러면 니들의 요철 부분이 양모를 끌고 들어가 결합이 된다.

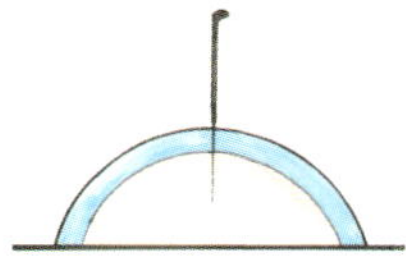

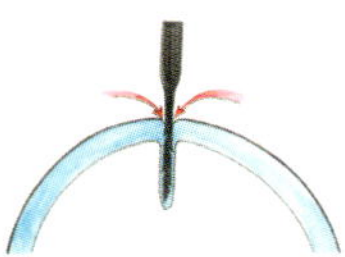

19

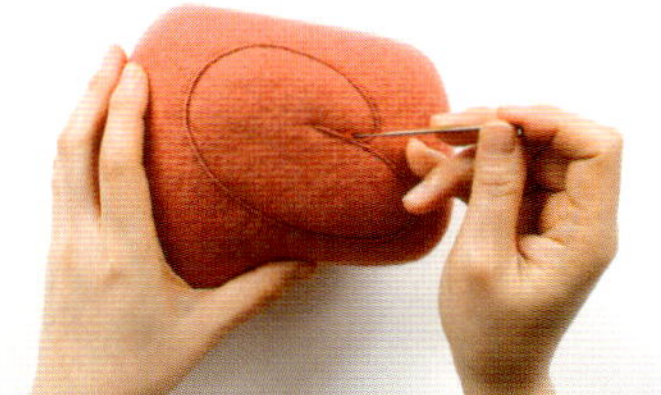

남은 양모는 가위로 잘라 내고 니들로 찔러 마무리한다.

20

벼슬을 만들기 위해 연회색 양모를 4겹으로 접는다.

21

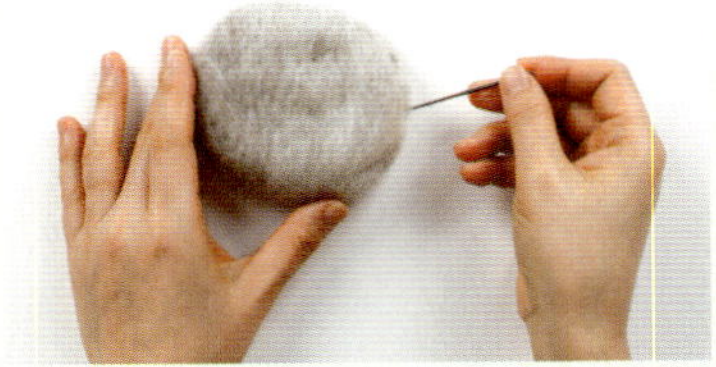

네모 형태의 모서리 부분을 니들로 찔러 둥근 형태로 만든다.

22

니들로 반복적으로 찔러 벼슬 형태에 가깝게 만든다.

23

부리를 만들기 위해 녹색 양모를 원뿔 형태로 만든다.

24

니들로 찔러 원뿔 형태를 고정한다.

25

적당한 물과 세제를 이용하여 벼슬과 부리를 압축한다.

26

Check!
압축 작업이 끝나면 충분히 세척하여 건조한다.

형태가 흐트러지지 않게 조심스럽게 압축한다.

27

건조시킨 벼슬과 입을 니들로 찔러 외곽을 정리한다.

Check!
튼튼하게 바느질되도록
반박음질을 사용한다.

28

벼슬을 바느질로 표현한다.

뒷면도 바느질로 표현한다.

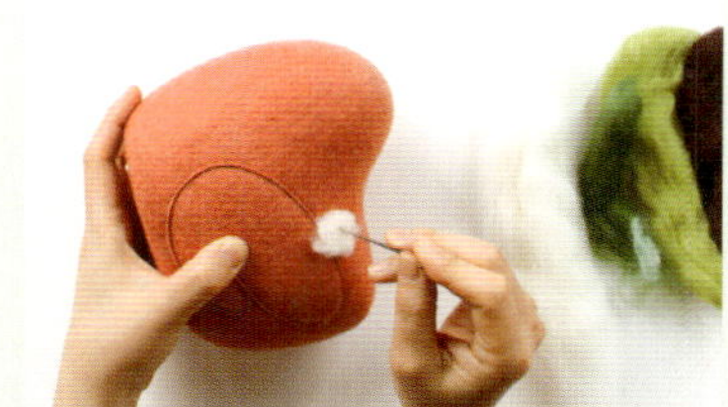

흰색 양모를 손으로 일정한 크기로 분리한 후 니들로 찔러 결합한다.

31

니들로 찔러 가며 섬세한 꽃잎 모양을 만든다.

32

연두색 양모 위에 진갈색 양모를 덧대고 니들로 찔러 결합한다.

33

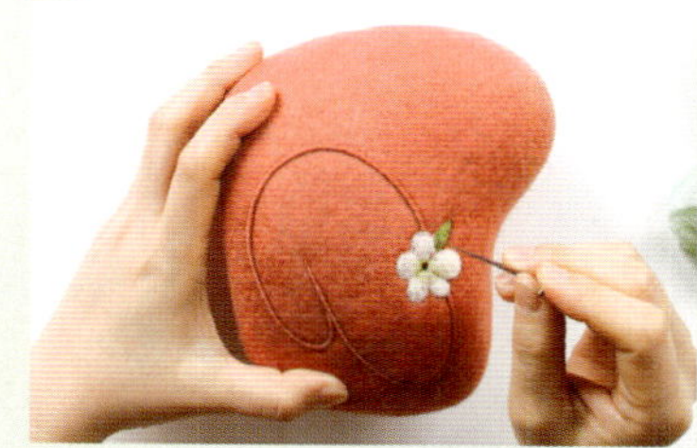

연두색 양모를 니들로 찔러 나뭇잎 무늬를 만든다.

34

핀으로 벼슬을 임시 고정하고 바느질로 연결한다.

35

부리를 바느질로 연결한다.

36

완성

4. 캐스팅펠트

입체적인 바디에 양모를 씌우고 압축한 다음 바디를 제거하는 펠트 기법이다.

1

조각한 바디와 양모를 준비한다.

2

바디에 랩을 씌운다.

3

랩을 당기면서 2겹 씌운다.

4

진갈색 양모를 일정하게 분리한다.

5

진갈색 양모를 당기면서 씌운다.

6

겹치는 부분을 니들로 찔러 연결한다.

7

윗면과 밑면도 진갈색 양모를 당기면서 씌운다.

8

진갈색 양모를 단계적으로 2겹 씌우고 바디에 밀착되게 니들로 찔러 고정한다.

9

연파란색 양모를 진갈색 양모 위에 당기면서 씌운다.

겹치는 부분을 니들로 찔러 고정한다.

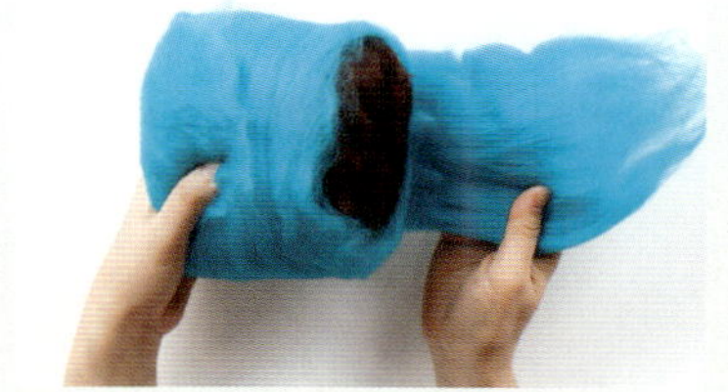

윗면과 밑면도 연파란색 양모를 당기면서 씌운다.

12

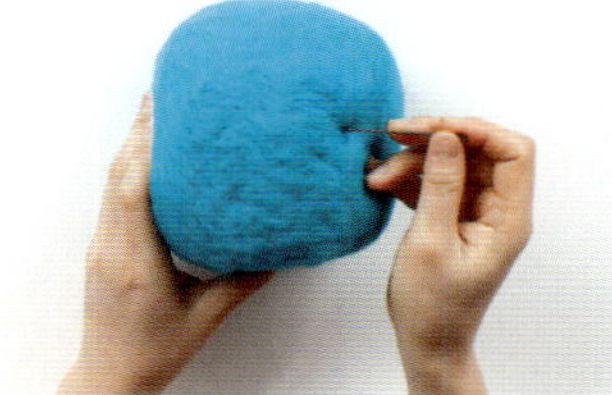

연파란색 양모를 단계적으로 2겹 씌우고 바디에 밀착되게 니들로 찔러 고정한다.

13

진분홍색 양모를 덧대고 니들로 찔러 고정한다.

14

여러 가지 색 양모를 니들로 찔러 주사위 모양을 표현한다.

15

다른 면도 같은 방법으로 주사위 모양을 섬세하게 표현한다.

16

물펠트의 압축 작업에서 이미지가 떨어지지 않게 니들로 충분히 찔러 준다.

17

적당한 물과 세제를 이용하여 양모가 바디에 완전히 밀착되게 압축한다.

18

압축 작업은 약50분 정도 소요된다.

Check!
압축 작업이 90%정도 되었을 때는 반드시 새로운 칼날을 끼워 잘라야 깔끔하게 잘린다.

19

칼로 펠트만 자른다.

20

바디를 꺼낸다.

21

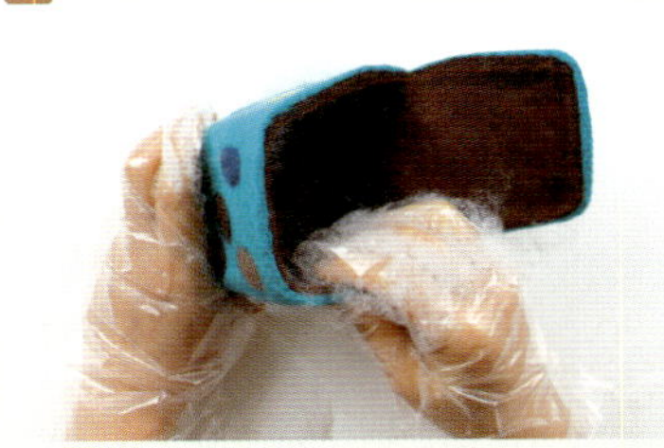

자른 부분을 손으로 압축하여 마무리한다.

22

압축 과정이 끝나면 충분히 세척하여 건조한다.

23

완성

TIP

캐스팅펠트에서는 물펠트의 압축 작업이 끝나면 바디를 제거한다. 간혹 바디(아이소핑크나 비닐본)를 제거한 후에 물로 세척할 경우, 손으로 강하게 압축하면 펠트의 크기가 작아지므로 주의하며 세척하는 것이 중요하다.

살펴보았듯이 각 작품에 적합한 펠트 기법을 혼합해서 사용하면 완성도를 높일 수 있다. 예를 들면 캐스팅펠트와 입체펠트 기법은 니들펠트 기법과 혼합해서 작업하는 것이 적합하다.

그리고 물펠트와 니들펠트도 한 가지의 기법으로만 완성하는 것보다 이 두 가지의 펠트 기법을 적절하게 혼합해서 작업하는 것이 효율적이다. 또한 이미지의 사실적인 표현을 위해 우선 물펠트 작업으로 바탕 펠트를 만든 다음 섬세한 이미지는 니들펠트 작업으로 표현하는 것이 적합하다.

Part 2

펠트공예 초급과정

항상 가지고 다닐 수 있는 열쇠고리, 동전 지갑 등
작은 크기의 소품과 머리핀, 팔찌와 같은 액세서리 등을
만들어 보자. 특별히 어려운 기법이 없어
초보자들도 도전해 볼 수 있을 것이다.

001

열쇠고리

만드는 방법 How to make

재료

- 진보라색 양모 35g
- 주황색 양모 35g
- 컬러 양모 약간씩
- 색실 약간씩
- 열쇠고리 부자재 2개

1

양모를 준비한다.

2

Check!
두께가 일정해지도록 가로 방향으로 분리한다.

진보라색과 주황색 양모를 분리해서 각각 3겹씩 쌓는다.

3

주황색 양모 3겹을 진보라색 양모 3겹 위에 쌓고 니들로 찔러 고정한다.

4

적당한 물과 세제를 이용하여 손으로 압축한다.

5

압축 작업은 50분 정도 소요되며 10분 이후에는 접거나 말아서도 압축이 가능하다.

6

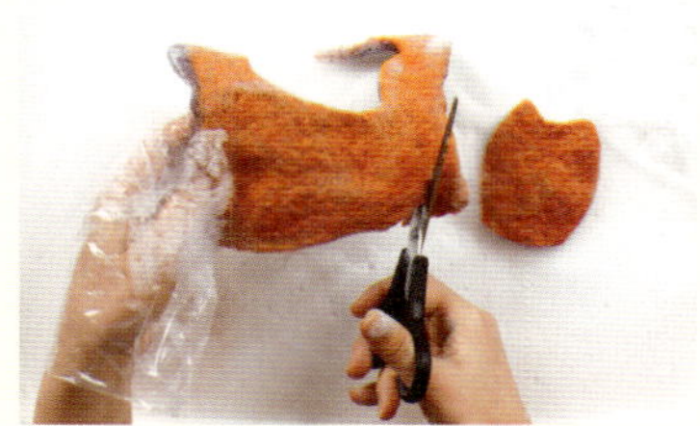

압축 작업이 90% 정도 되었을때 물고기와 부엉이 모양을 가위로 자른다.

TIP

선을 표현하는 니들펠트 작업은 일정한 굵기로 길게 분리한 양모를 왼손으로 꼬아 주면서 니들로 찔러 결합한다. 찌르는 작업 과정을 여러 번 반복할수록 튼튼하게 고정된다.

Check!
압축 작업이 끝난 후에 충분히 세척하여 건조한다.

7

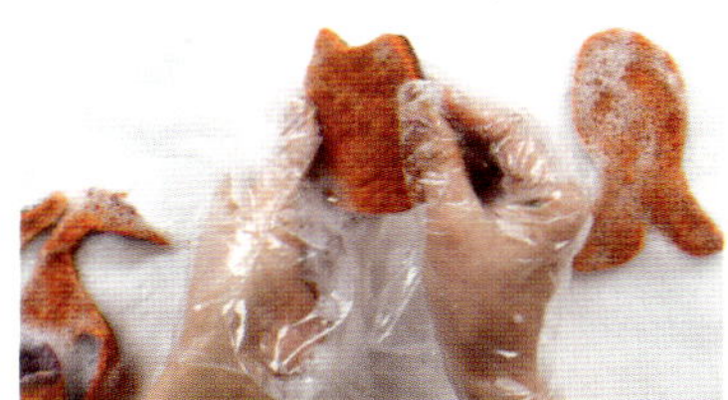

자른 부분을 손으로 압축하여 마무리한다.

8

건조된 펠트를 니들로 찔러 외곽을 정리한다.

9

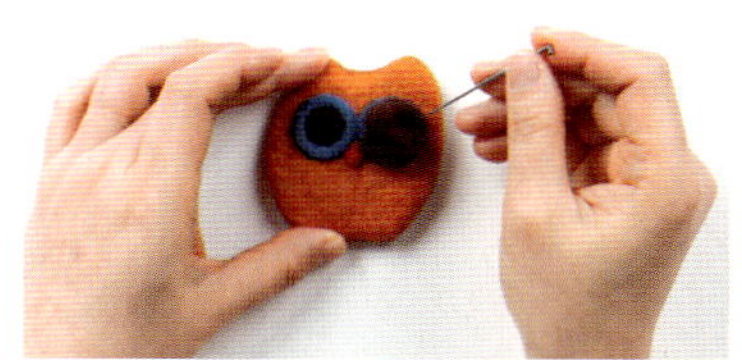

다양한 컬러 양모를 이용하여 부엉이 얼굴을 표현하고 니들로 찔러 결합한다.

10

뒷면의 날개 모양을 따라 양모를 놓고 니들로 찔러 결합한다.

11

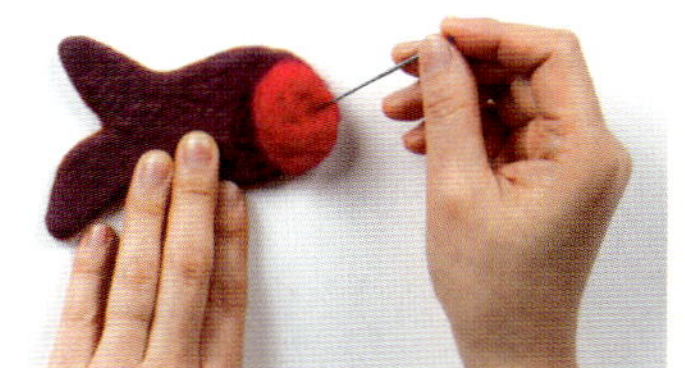

다양한 컬러 양모를 이용하여 물고기를 표현하고 니들로 찔러 결합한다.

12

꼬리 지느러미와 비늘의 섬세한 부분까지 니들로 찔러 표현한다.

TIP

열쇠고리, 핀, 브로치 같은 부자재는 동대문종합상가 5층 부자재 코너에서 구입할 수 있다. 크기별, 용도별, 다양한 모양과 가격대의 부자재가 구비되어 있다.

13

물고기 모양 펠트에 열쇠고리를 연결한다.

14

부엉이 모양 펠트에 열쇠고리를 연결한다.

15

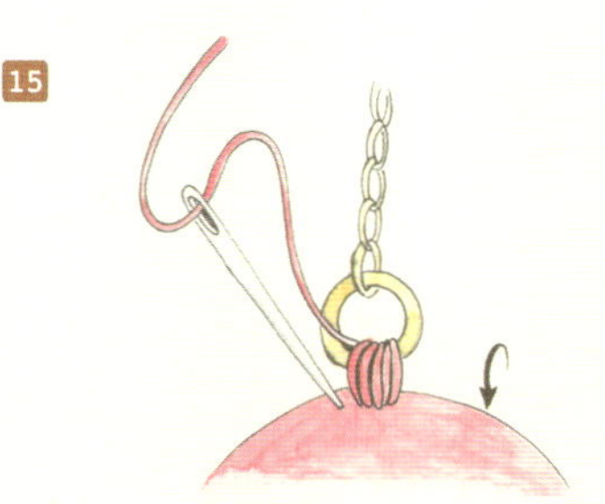

먼저 펠트와 부자재 고리를 바느질로 연결한다.

16

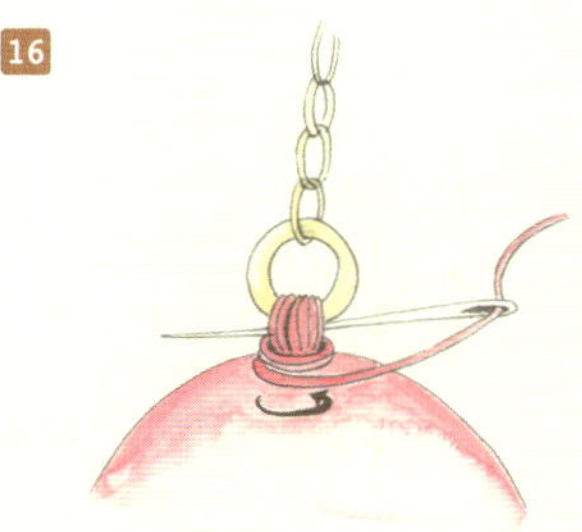

마지막에 실로 몇 바퀴 감아 실기둥을 만들면 견고하게 고정된다.

17

완성

18

열쇠고리를 단 모습

브로치1

만드는 방법 How to make

재료

- ● 파란색 양모 15g
- ◐ 컬러 양모 약간
- 색실 약간
- 브로치 부자재 1개

1

양모를 준비한다.

2

양모 두께가 일정해지도록 가로 방향으로 분리한다.

3

4겹이 되게 접는다.

4

Check!
사각형 면 전체를 찔러서 임시 고정한다.

4겹의 양모를 니들로 찔러 고정한다.

5

양쪽 옆면을 당겨서 겹치는 부분이 보이지 않게 덮고 니들로 찔러 고정한다.

6

모서리가 둥근 형태가 되도록 니들로 찔러 준다.

Check!
압축 작업이 끝난 후에 충분히 세척하여 건조한다.

7

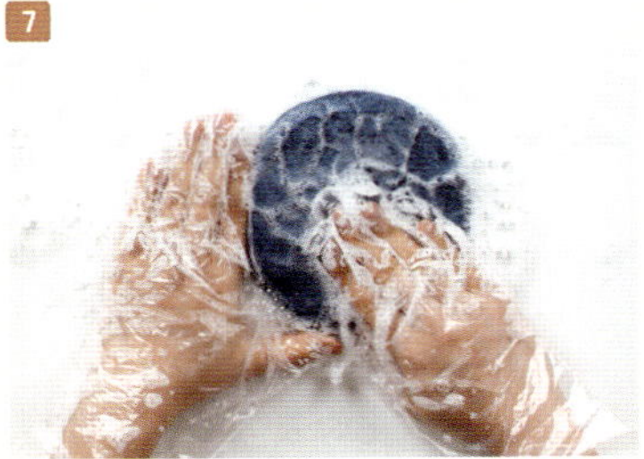

적당한 물과 세제를 이용하여 손으로 압축한다.

8

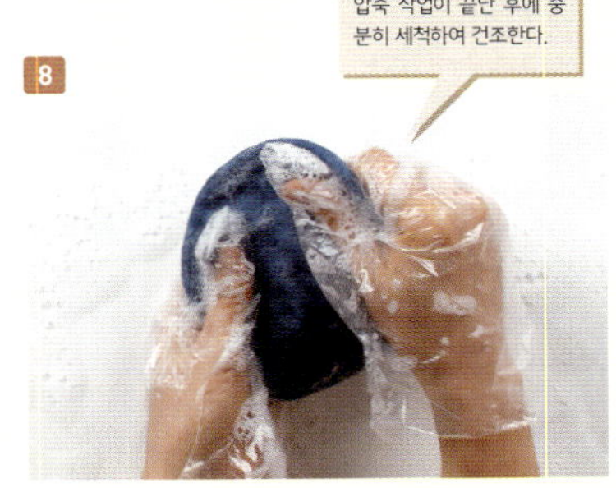

압축 작업은 30분 정도 소요되며 10분 이후에는 접거나 말아서도 압축이 가능하다.

9

건조된 펠트를 니들로 찔러 외곽을 정리한다.

10

꽃 형태가 되도록 외곽을 니들로 찔러 표현한다.

11

가운데 부분에 원하는 컬러의 양모를 니들로 찔러 결합한다.

12

바느질(반박음질)로 이미지를 표현한다.

TIP

반박음질은 홈질보다 튼튼하고 온박음질보다는 약한 바느질 기법이다. 방법은 박음질과 같으나 바늘땀을 반만 뒤로 돌아와 뜨는 것으로 겉에서 보면 땀의 길이와 땀의 간격이 같아 보인다.

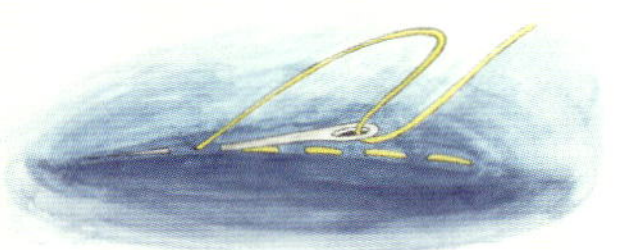

TIP

펠트 액세서리를 만들 때 되도록이면 접착제를 이용하지 않는 것이 좋다. 가장 좋은 연결 방법은 펠트와 부자재를 바느질로 연결하는 것이다. 따라서 부자재를 고를 때에는 바느질로 연결할 수 있는지의 여부를 확인한 후 구입하는 것이 좋다.

13

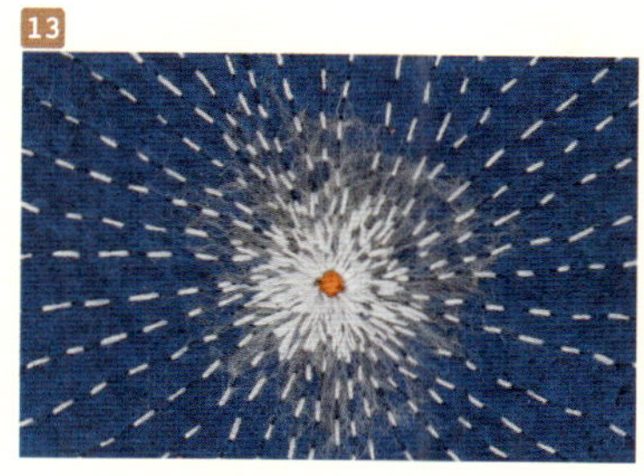

박음질 선이 모이는 중앙에 포인트로 다른 컬러 양모를 찔러 결합한다.

14

뒷면에 브로치 부자재를 연결한다.

15

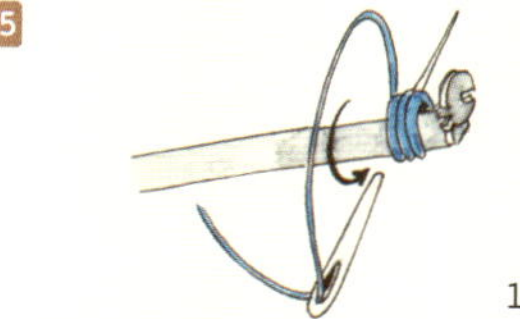

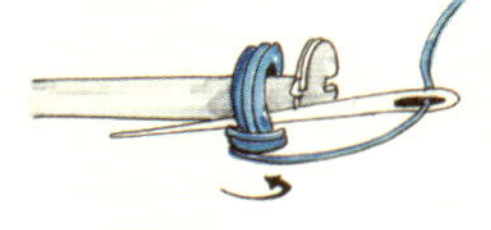

펠트를 보호하기 위해 접착제 대신 바느질로 연결하는 것이 좋다.

16

완성

17

브로치를 단 모습

동전 지갑

만드는 방법 How to make

재료

- 진보라색 양모 35g
- 연보라색 양모 45g
- 컬러 양모 약간씩
- 색실 약간
- 비닐본(13×13cm)
- 지퍼 부자재 1개

TIP

모든 캐스팅펠트 작업에서는 안감과 겉감 두 가지의 컬러 양모를 사용한다. 겉감 양모는 되도록이면 밝은색을, 안감 양모는 어두운색을 선택하는 것이 좋다.

1

양모와 비닐본을 준비한다.

2

Check!
양모를 살짝 당기면서 씌운다.

진보라색 양모 1겹을 비닐본에 씌운다.

3

겹치는 부분을 니들로 찔러 고정한다.

4

1겹을 가로로 씌웠다면 나머지 1겹은 세로로 씌워 2겹을 만든다.

5

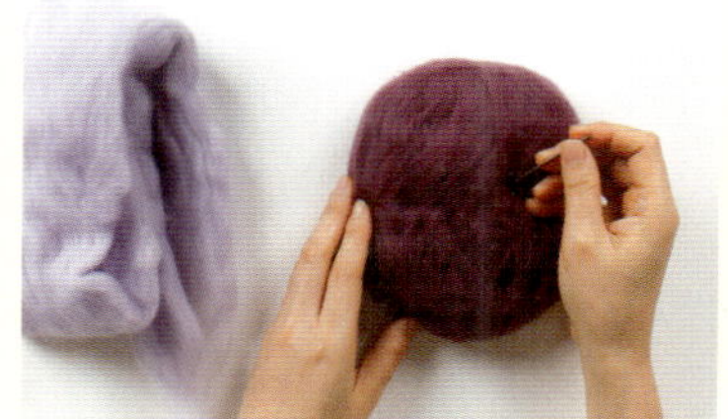

단계적으로 2겹 씌운 진보라색 양모를 비닐본에 밀착되게 니들로 찔러 고정한다.

6

연보라색 양모를 진보라색 양모 위에 가로와 세로로 번갈아 씌우고 겹치는 부분을 니들로 찔러 고정한다.

TIP

압축 작업이 끝나면 비닐본을 꺼내도 형태가 쉽게 변하지 않는다. 위로 자른 부분은 지퍼가 튼튼하게 연결될 수 있도록 충분히 압축해야 한다. 자른 부분의 압축 작업이 끝나면 동전지갑의 크기가 작아지지 않도록 힘을 주지 말고 천천히 조심스럽게 세척해야 한다.

7

단계적으로 2겹 씌운 연보라색 양모를 비닐본에 밀착되게 니들로 찔러 고정한다.

8

지퍼 손잡이에 부착할 펠트볼을 둥글게 뭉친 다음 니들로 찔러 형태를 만든다.

Check!
압축 작업은 총 40분 정도 소요된다.

9

적당한 물과 세제를 이용하여 양모가 비닐본에 완전히 밀착되게 압축한다.

10

압축 작업이 90% 정도 되었을 때 지퍼 연결할 부분을 가위로 잘라 낸다.

11

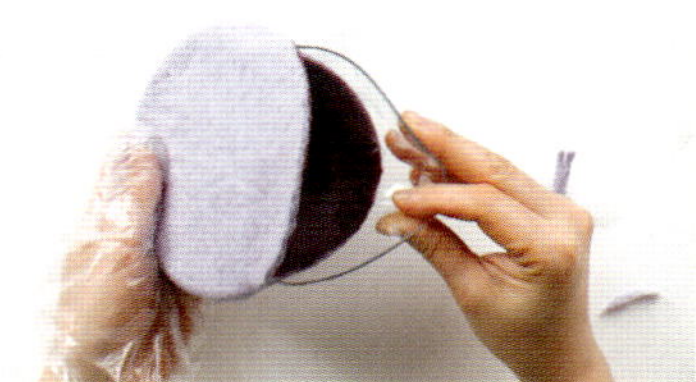

자른 부분을 벌려 비닐본을 꺼낸다.

12

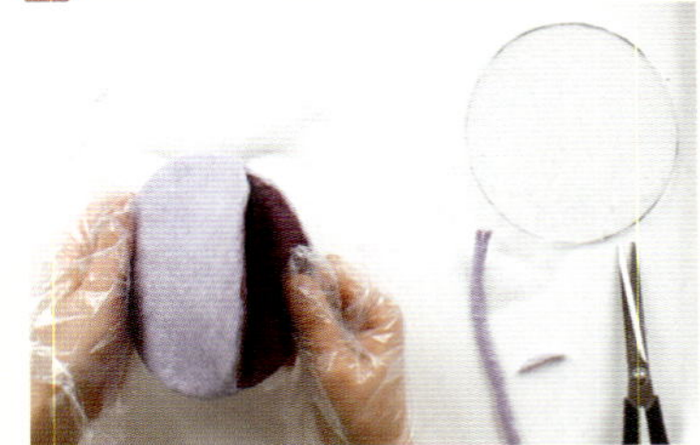

자른 부분을 손으로 압축하여 마무리한다.

13

적당한 물과 세제를 이용하여 펠트볼도 압축한다.

14

지퍼를 핀으로 임시 고정한다.

15

지퍼 앞쪽을 먼저 바느질(박음질)한다.

16

지퍼를 열어서 뒤쪽도 바느질한다.

17

2개의 펠트볼을 실로 연결한다.

18

지퍼 손잡이에 펠트볼을 바느질로 연결한다.

19

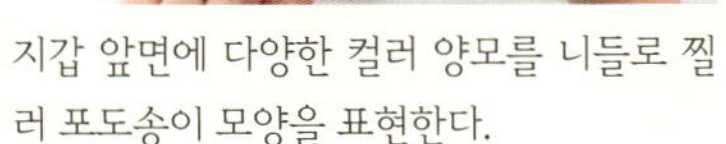

지갑 앞면에 다양한 컬러 양모를 니들로 찔러 포도송이 모양을 표현한다.

섬세한 부분까지 니들로 찔러 결합한다.

완성

004

팔찌

만드는 방법 How to make

재료

- 황토색 양모 15g
- 연청녹색 양모 15g
- 컬러 양모 약간씩

1

황토색 양모와 연청녹색 양모를 준비한다.

2

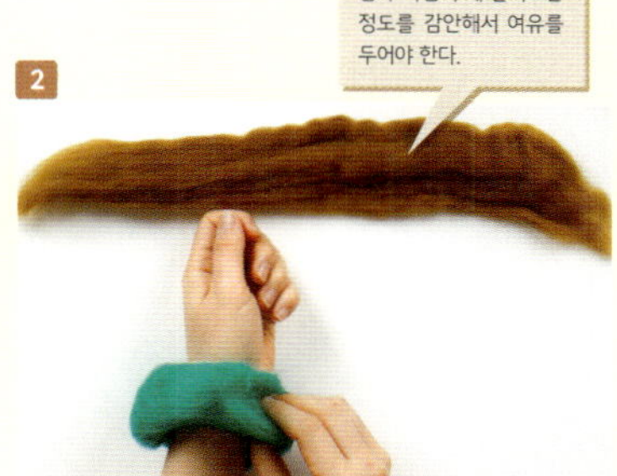

손목에 연청녹색 양모를 여유 있게 감아서 팔찌의 길이를 체크한다.

3

일정한 두께의 원을 만들고 겹친 부분을 니들로 찔러 고정한다.

4

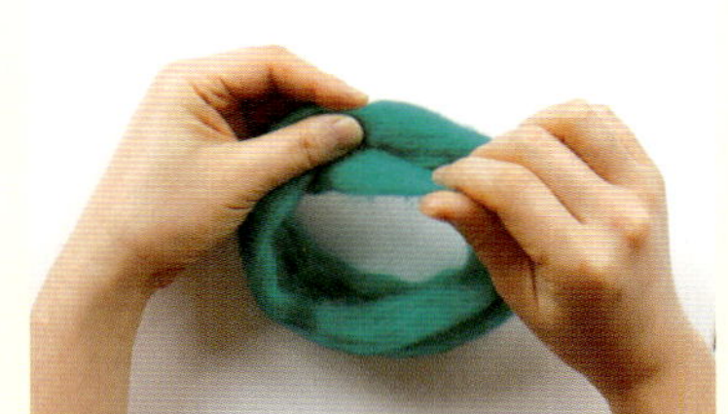

연청녹색 양모를 둥글게 말아서 감는다.

5

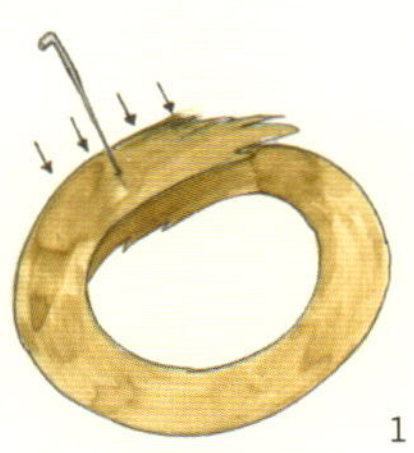

1

2

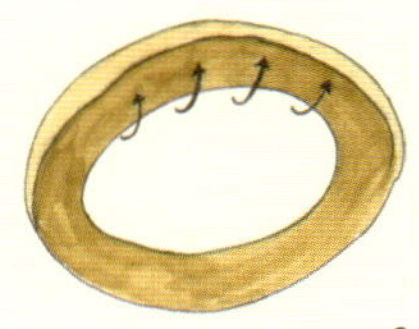

3

황토색 양모로 원을 만들고 겹친 부분을 니들로 찔러 고정한다.

바깥쪽의 양모를 안으로 접은 후에 안쪽을 바깥쪽으로 접어 니들로 찌른다.

TIP

팔찌의 물펠트 작업은 비닐장갑을 끼지 않고 맨손으로 하는 것이 좋다. 비닐장갑을 끼고 작업하면 미끄러워서 끈 형태를 만들기 어렵기 때문이다.

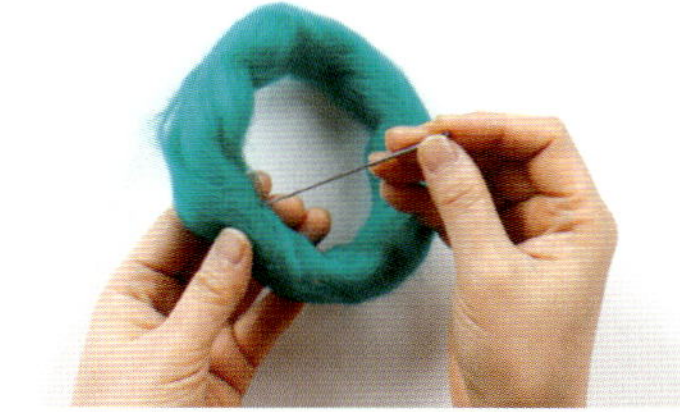

감아서 겹친 부분을 니들로 찔러 준다.

7

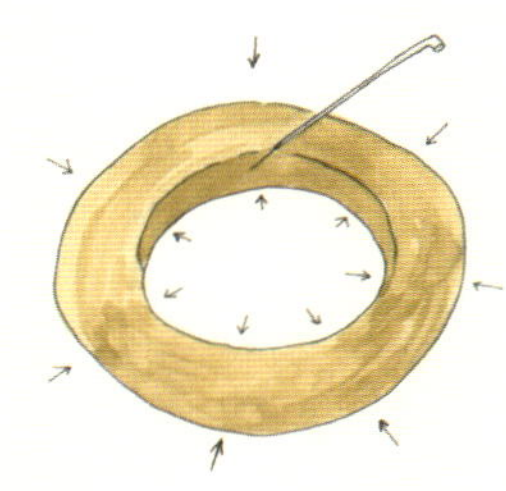

안과 바깥을 전체적으로 찔러 단단하게 고정한다.

8

물펠트 압축 과정을 쉽게 하기 위해 니들로 반복적으로 찔러 고정한다. 황토색 양모도 같은 방법으로 팔찌 형태를 만든다.

9

적당한 물과 세제를 이용하여 손으로 압축한다.

Check!

압축 작업이 끝나면 충분히 세척하여 건조한다.

10

압축 작업은 총 60분 정도 소요되며 10분 이후에는 접거나 말아서도 압축이 가능하다.

11

팔찌와 같은 형태가 어느 정도 나오면 맨손으로 비벼서 압축한다.

12

충분히 건조되면 팔찌를 장식할 다양한 컬러 양모를 준비한다.

13

컬러 양모를 니들로 찔러 장식한다.

Check!
양모와 대비되는 컬러의 실을 사용해야 장식 효과가 두드러진다.

14

바느질(반박음질)로 다양하게 무늬를 표현한다.

15

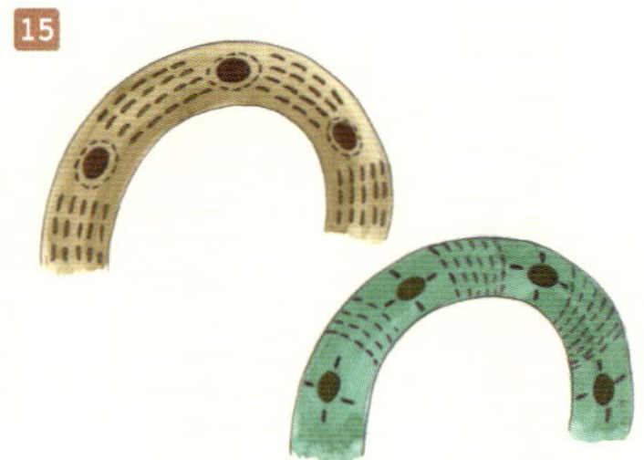

또 다른 스티치 방법으로 자유롭게 꾸며도 좋다.

16

완성

17

팔찌를 착용한 모습

005

펠트끈

만드는 방법 How to make

재료

◐ 컬러 양모(8색) 20g

1

다양한 컬러의 양모를 준비한다. (4가지 색으로 이루어진 펠트끈 2개 분량)

2

원하는 펠트끈의 두께를 양모에서 분리한다.

3

서로 다른색 양모의 굵기를 일정하게 겹쳐서 연결한다.

4

겹치는 부분은 손으로 비벼서 고정한다.

5

양손으로 양모를 꼬아서 완성될 펠트끈의 굵기를 확인할 수 있다.

6

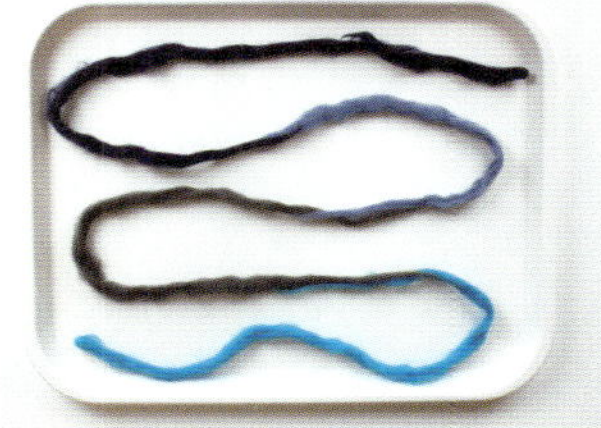

4가지 색 양모를 일정한 굵기로 겹쳐서 연결하고 니들로 찔러 고정한다.

7

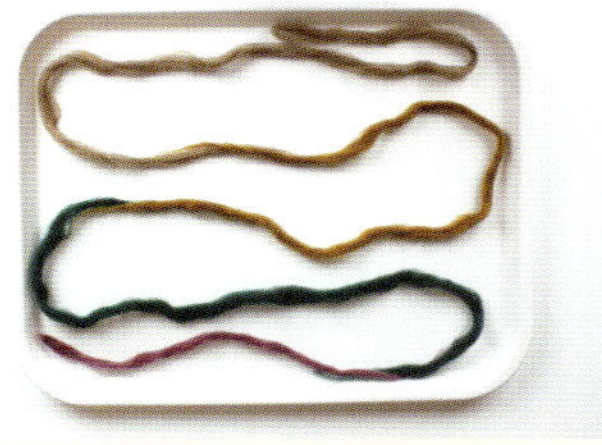

다른 4가지 색 양모도 같은 방법으로 연결하고 니들로 찔러 고정한다.

8

Check!
압축 작업이 끝나면 충분히 세척하여 건조한다.

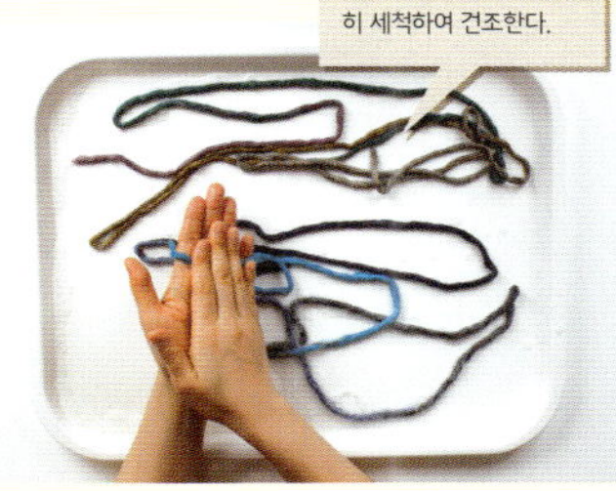

적당한 물과 세제를 이용하여 맨손으로 비벼서 압축한다. 압축 작업은 60분 정도 소요된다.

9

완성

머리띠

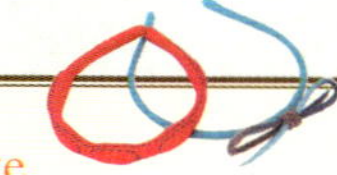

만드는 방법 How to make

재료

- 진분홍색 양모 15g
- 파란색 양모 15g
- 컬러 양모 약간씩
- 머리띠 부자재 2개

1

양모와 머리띠를 준비한다.

2

Check!
부자재가 보이지 않도록 양모가 겹치는 부분을 주의해서 씌운다.

머리띠 부자재에 진분홍색 양모를 일정하게 감아서 씌운다.

3

전체적으로 진분홍색 양모를 한번 씌우고 부분적으로 두껍게 양모를 감아서 씌운다.

4

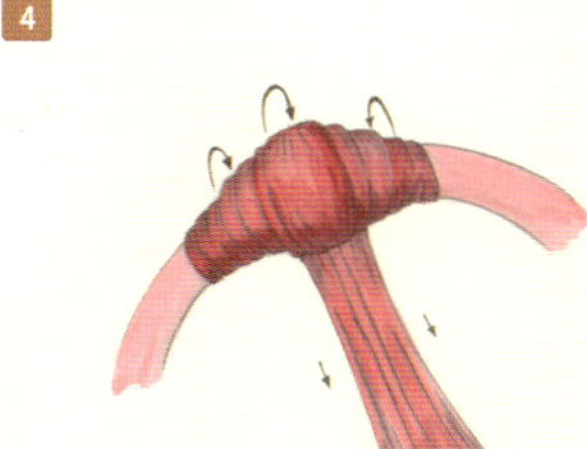

양모가 풀어지지 않도록 당기면서 감고 니들로 찔러 고정한다.

5

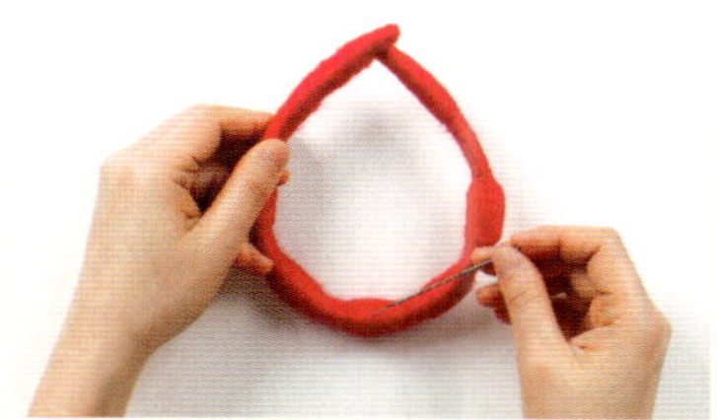

양모를 다 씌운 후 니들로 찔러 고정한다.

6

머리띠 부자재에 파란색 양모를 감아서 씌운다.

TIP

머리띠 부자재가 딱딱한 플라스틱이나 쇠로 되어 있기 때문에 니들 작업을 할 때에는 니들을 기울여서 양모만 찔러 고정해야 한다.

7

양모를 다 씌운 후 니들로 찔러 고정한다.

8

Check!
압축이 끝난 후에 충분히 세척하여 건조한다.

적당한 물과 세제를 이용하여 머리띠에 양모가 밀착되도록 압축한다.

9

Check!
양모와 대비되는 컬러의 실을 이용해야 장식 효과가 두드러진다.

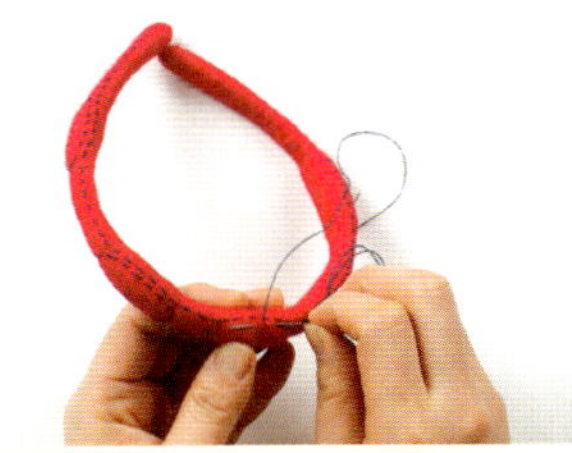

다 건조된 머리띠에 바느질로 표현한다.

10

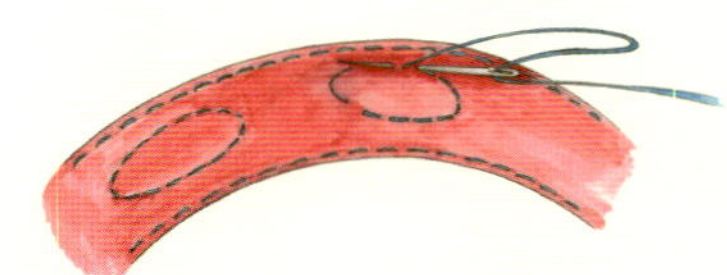

홈질보다 튼튼한 반박음질을 사용한다.

11

리본 장식을 위해 펠트끈을 만든다. 다른 색 양모를 굵기가 일정하게 겹친다.

12

겹치는 부분을 손으로 비벼 연결하고 니들로 찔러 고정한다. (p. 63 참조)

13
펠트끈을 이용해 리본 형태를 만든다.

14
바느질로 리본을 고정한다.

15
바느질로 리본을 머리띠에 연결한다.

16
완성

TIP

리본 형태 만드는 법

1. 리본의 형태를 잡을 긴 끈과 리본을 고정할 짧은 끈을 준비한다.
2. 긴 끈을 그림의 형태대로 만든다.
3. 짧은 끈으로 2번 리본의 정중앙을 감아 준다.

007

머리핀

만드는 방법 How to make

재료

- 컬러 양모 각 3g × 4 = 12g
- 머리핀 부자재 4개

1

양모와 머리핀을 준비한다.

2

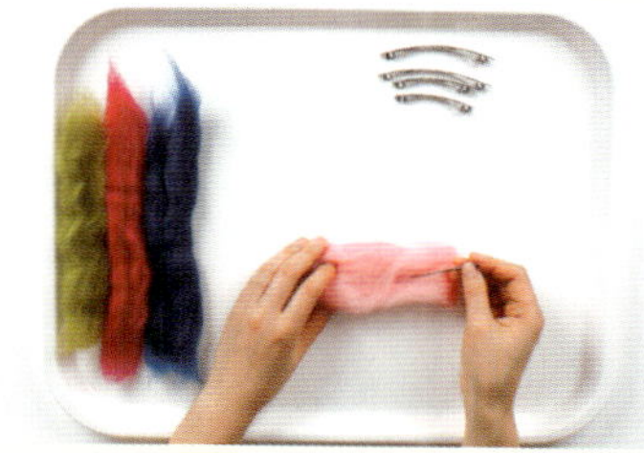

머리핀의 길이와 넓이보다 크게 양모를 분리하고 형태를 만든다.

3

물펠트 작업 전에 양모를 니들로 많이 찔러 고정한다.

4

적당한 물과 세제를 이용하여 손으로 압축한다.총 50분 정도 소요된다.

5

압축 작업을 시작하여 10분 후부터 손으로 비벼서 막대 형태로 압축한다.

6

압축이 90% 정도 되었을 때 머리핀 길이보다 약간 크게 가위로 자르고 자른 부분을 손으로 압축해 마무리한다.

7

세척하고 건조시킨 펠트에 컬러 양모를 니들로 찔러 무늬를 표현한다.

8

펠트와 머리핀 부자재를 바느질로 연결한다.

9

완성

냉장고 자석

만드는 방법 How to make

재료

- 진회색 양모 60g
- 컬러 양모(6색) 각 3g
- 테이프자석 20cm

1

양모를 준비한다.

2

진회색 양모를 일정한 두께로 분리하여 3겹을 쌓는다.

Check!
큰 사각형 위에 작은 사각형을 쌓는다는 기분으로 작업한다.

3

노란색 양모 2겹을 진회색 양모 위에 쌓는다.

4

노란색 양모를 니들로 찔러 고정한다.

5

같은 방법으로 다른 컬러 양모도 2겹씩 쌓고 니들로 찔러 고정한다.

6

적당한 물과 세제를 이용하여 손으로 압축한다.

7

압축 작업은 60분 정도 소요되며 시작하고 10분 후에는 접거나 말아서도 압축이 가능하다.

8

압축 작업이 90% 정도 되었을 때 닭과 부엉이 등 원하는 모양을 가위로 잘라 낸다.

Check!
압축이 끝난 후에 충분히 세척하여 건조한다.

9

자른 부분을 손으로 압축하여 마무리한다.

10

건조된 펠트를 니들로 찔러 외곽을 정리한다.

11

다양한 컬러 양모를 이용하여 부엉이 얼굴과 닭의 날개 부분을 표현한다.

12

섬세한 부분까지 니들로 찔러 결합한다.

TIP

냉장고 자석으로 사용하는 자석은 원형 자석과 여기에서 사용한 테이프 자석이 있다. 둘 다 대형문구점에서 쉽게 구입할 수 있다.

13

바느질(반박음질)로 세부를 표현한다.

14

자석을 펠트의 크기대로 자른다.

Check!

접착제를 바르고 2시간 이상 두어야 튼튼하게 고정된다.

15

자석 위에 접착제를 바른다.

16

펠트와 자석을 연결한다.

17

완성

18

자석이 부착된 모습

009

연필깍지

만드는 방법 How to make

재료

- 컬러 양모(6색) 각 5g
- 연필깍지 6개

양모와 연필깍지를 준비한다.

2

연필깍지에 노란색 양모를 당기면서 씌운다.

3

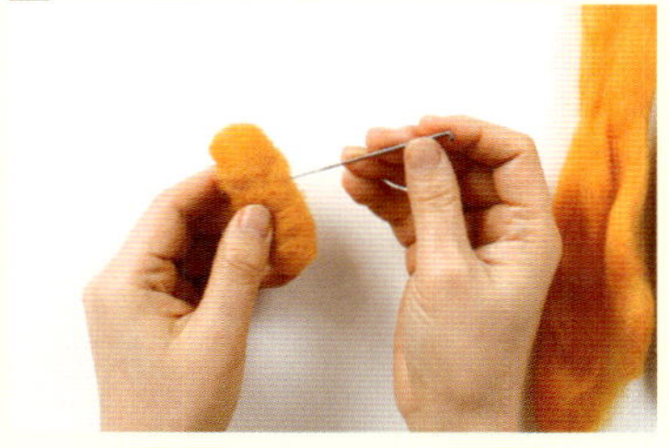

양모를 씌운 다음 니들로 찔러 고정한다.

4

연필깍지 윗부분에 양모를 둥글게 덧씌우고 니들로 찔러 고정한다.

5

적당한 물과 세제를 이용하여 압축한다. 압축 작업은 60분 정도 소요된다.

6

압축 작업이 90% 정도 되었을때 연필이 들어갈 부분을 칼로 자르고 손으로 압축하여 마무리한다.

7

충분히 세척하여 건조한 후 다양한 컬러 양모를 니들로 찔러 결합한다.

8

각 동물의 얼굴 생김새를 섬세하게 표현한다.

9

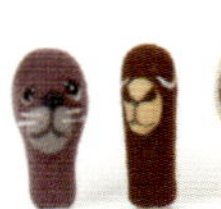

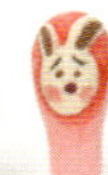

완성

방문 장식

만드는 방법 How to make

재료

- ● 진갈색 양모 50g
- ● 주황색 양모 50g
- ● 검은색 양모 10g
- ● 남색 양모 10g
- ◐ 컬러 양모 약간씩

1

양모를 준비한다.

2

진갈색 양모를 두께가 일정해지도록 가로 방향으로 분리한다.

3

분리한 진갈색 양모를 3겹 쌓는다.

4

주황색 양모도 두께가 일정해지도록 가로 방향으로 분리한다.

5

분리한 주황색 양모를 3겹 쌓는다.

6

3겹의 주황색 양모를 3겹의 진갈색 양모 위에 쌓는다.

TIP

총 6겹의 양모를 한 겹씩 쌓을 때마다 니들로 찔러 주면서 고정 작업을 하면 시간이 많이 걸린다. 그래서 6겹의 양모를 모두 쌓은 다음 한꺼번에 니들로 찔러 고정하는 것이 좋다.

TIP

양모를 쌓는 과정에서 외곽 부분만 얇아지지 않게 니들로 밖에서 안쪽으로 찔러 주어야 한다. 그래야 전체 두께가 일정하게 완성할 수 있다.

Check!

압축이 끝난 후에 충분히 세척하여 건조한다.

7

양모 6겹을 니들로 찔러 고정한다.

8

뒤집어서 외곽 부분도 니들로 찔러 정리한다.

9

적당한 물과 세제를 이용하여 손으로 압축한다.

10

압축 작업은 60분 정도 소요되며 10분 이후에는 접거나 말아서도 압축이 가능하다.

11

건조된 펠트 위에 남색 양모를 이용하여 원하는 글씨 형태를 잡는다.

12

남색 양모를 글씨 부분에 두껍게 덧대고 니들로 찔러 결합한다.

13

글씨를 장식하기 위해 다양한 컬러 양모를 니들로 찔러 결합한다.

14

글씨 외곽에 흰색 양모를 니들로 찔러 결합한다.

15

진갈색 양모를 니들로 찔러 배경을 꾸민다.

16

방문 장식 고리는 검은색 양모를 이용하여 형태를 만든다.(p. 166 참조)

17

적당한 물과 세제를 이용하여 15분 정도 압축한 후 충분히 세척하여 건조한다.

18

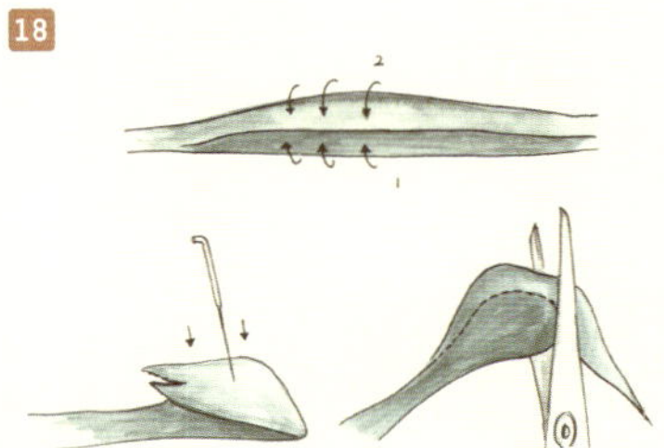

압축 작업이 90% 정도 되었을 때 끈 양쪽을 가위로 동그랗게 자르고 압축한다.

19

고리를 바느질(박음질)로 연결한다.

20

바탕도 바느질로 표현한다.

21

완성

자동차 액세서리

만드는 방법 How to make

재료

- 흰색 양모 15g
- 컬러 양모 5g씩
- 끈 부자재

양모를 준비한다.

흰색 양모를 덩어리로 만들고 겹치는 부분을 니들로 찔러 결합한다.

흰색 양모 덩어리를 니들로 찔러 사각형이 되도록 만든다.

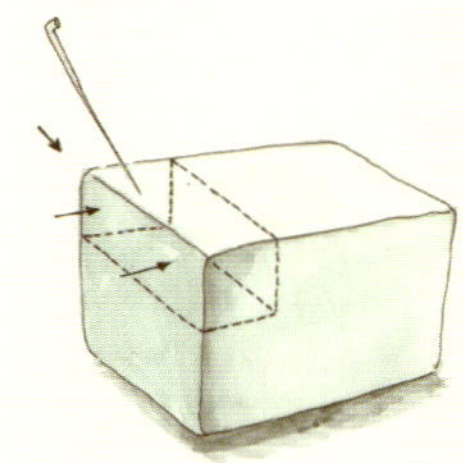

사각형 덩어리를 니들로 찔러 자동차 형태를 잡는다.

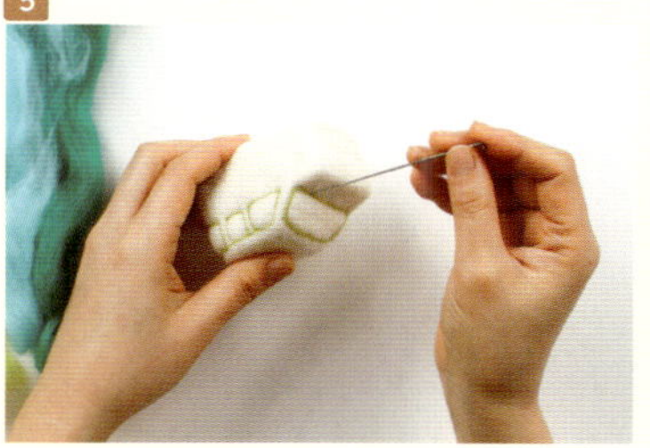

자동차 모양에 컬러 양모를 덧대고 니들로 찔러 유리창 부분을 구분해 놓는다.

차체 부분에 연두색 양모를 덧대고 니들로 찔러 결합한다.

TIP

평면과 입체 형태에서 튀어나오게 표현하고 싶으면 양모를 두껍게 덧대어 찔러 주면 된다.

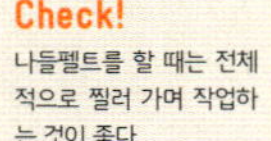

7

유리창은 녹색 양모를 덧대고 니들로 찔러 결합한다.

8

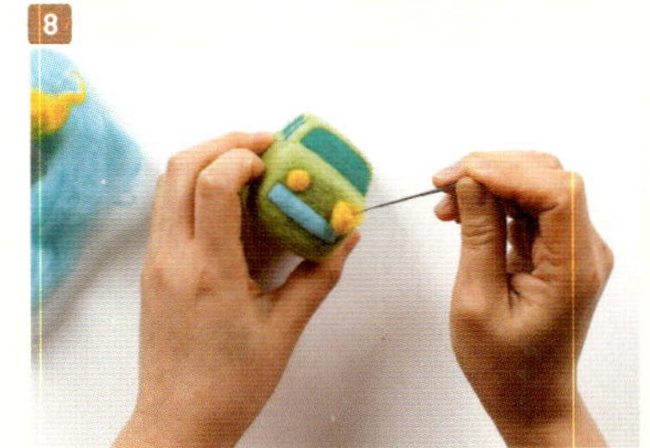

조명 부분에 노란색 양모를 니들로 찔러 결합한다.

9

바퀴 부분에 검은색 양모를 니들로 찔러 결합한다.

10

바퀴 위에 빨간색 양모를 덧대고 니들로 찔러 결합한다.

섬세한 부분까지 니들로 찔러 표현한다.

12

파란색 자동차를 만들기 위해 흰색 양모를 6겹으로 접은 후 양쪽 측면을 잡아당겨 표면을 부드럽게 한다.

TIP

적당한 길이의 끈을 준비해 매듭을 묶은 다음 실로 끈을 감아 주듯이 바느질해 연결한다.

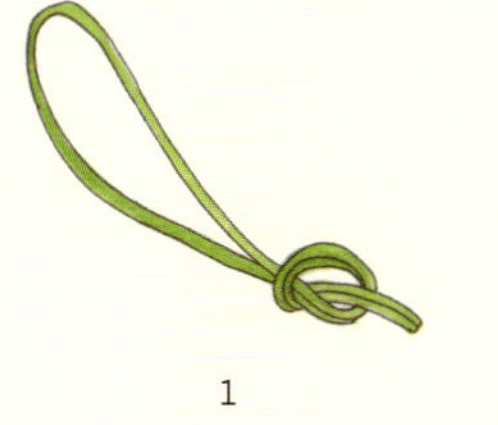

1

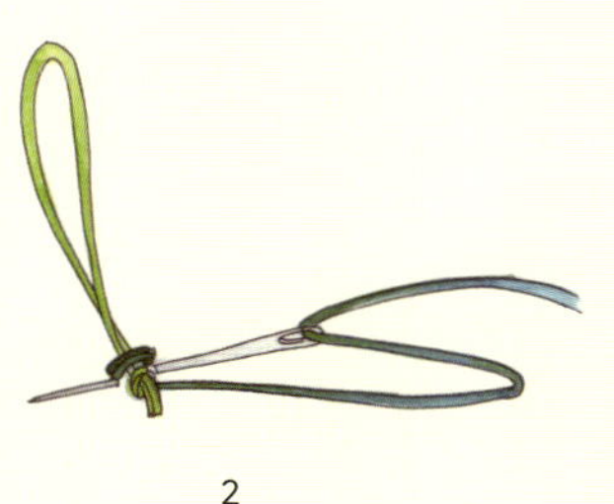

2

13

니들로 찔러 덩어리를 만들고 자동차 형태가 되도록 표현한다.

14

파란색 양모로 자동차의 전체를 니들로 찔러 표현한다.

15

자동차의 유리 부분을 니들로 찔러 표현한다.

16

다양한 컬러 양모를 이용해 자동차의 디테일을 표현한다.

17

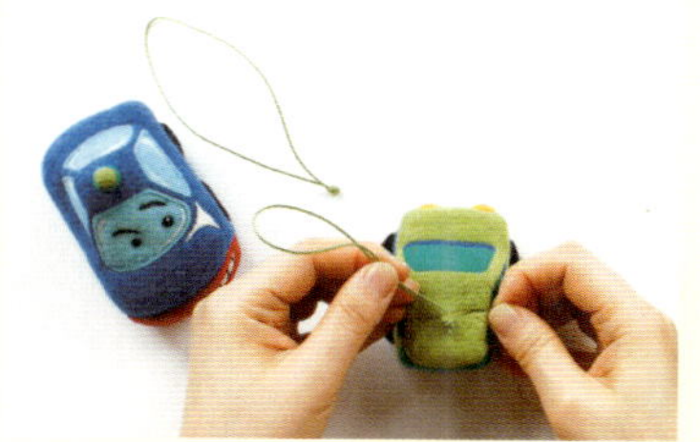

액세서리로 활용할 수 있도록 자동차 꼭대기 부분에 바느질로 끈을 연결한다.

18

완성

Part 3

펠트공예 중급과정

초급 과정에서 충분히 실력을 쌓았다면

이제 조금 더 복잡하고 정교한 작품에 도전해 보자.

정성이 가득 담긴 펠트 소품은 사랑하는 내 아이, 부모님,

연인에게 훌륭한 선물이 될 수 있다.

장갑

만드는 방법 How to make

재료

- 진파란색 양모 65g
- 회색 양모 65g
- 비닐 본(각 15×20cm)

TIP

비닐본은 자기 손보다 상하좌우 약 2cm씩 크게 준비한다. 처음부터 완성 단계까지의 작업 과정에서 작아질 수 있기 때문이다. 비닐본은 대형문구점에서 판매하는 투명 고무판(두께 2mm)을 구입하여 잘라서 사용한다. 너무 두꺼운 것을 사용하면 제거할 때 어려움이 있다.

1

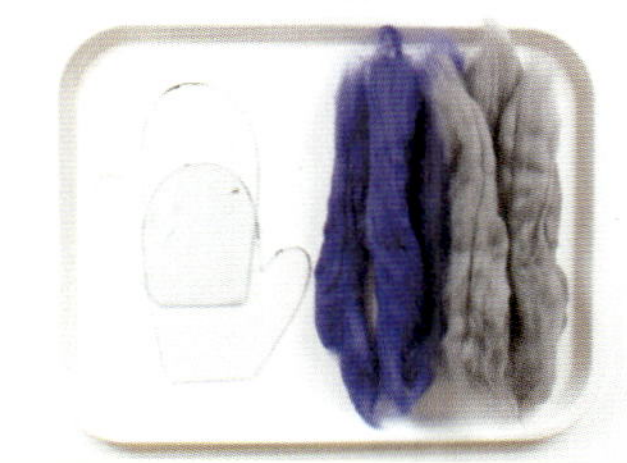

양모와 비닐본을 준비한다.

2

Check!
회색 양모도 일정한 두께로 분리해 둔다.

진파란색 양모를 두께가 일정해지도록 가로 방향으로 분리한다.

3

진파란색 양모를 비닐본 아래에 놓고 양모를 당기면서 씌운다.

4

손바닥과 엄지 손가락 부분이 나뉘도록 분리하여 씌운다.

5

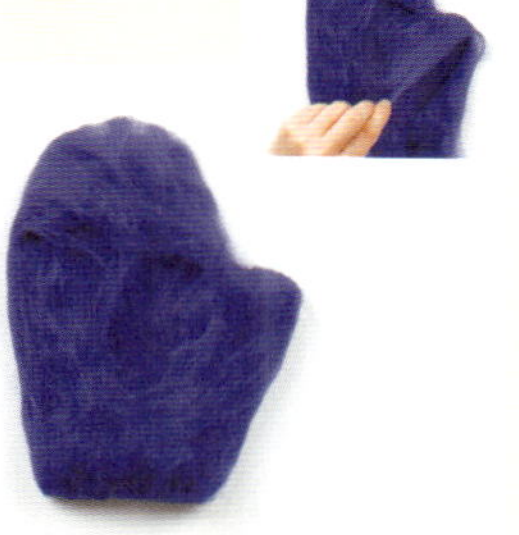

남은 양모를 안으로 당기면서 씌우고 장갑 형태로 정리한다.

6

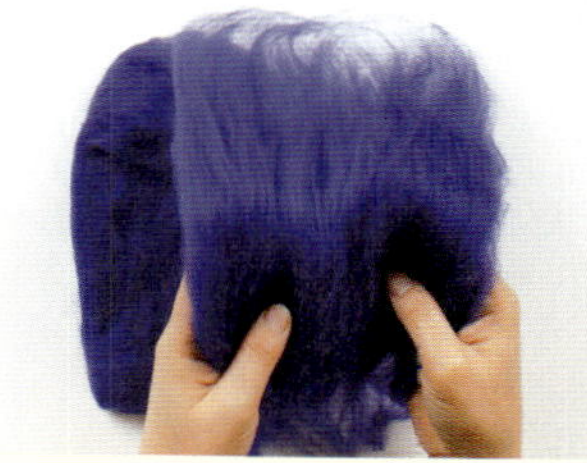

비닐본 윗면에도 진파란색 양모를 씌운다.

Check!
한 겹의 양모를 씌운 것처럼 경계를 없애 준다.

7

뒤집어서 남은 양모를 안으로 당기면서 씌운다.

8

씌운 양모를 장갑 형태로 정리한다.

9

진파란색 양모를 단계적으로 2겹씩 씌우고 비닐본에 밀착되게 니들로 찔러 고정한다.

10

회색 양모를 진파란색 양모 위에 씌우고 남은 양모를 안으로 당기면서 씌운다.

11

반대 면에도 회색 양모를 씌운다

12

뒤집어서 남은 양모를 안으로 당기면서 씌운다.

13

회색 양모를 단계적으로 2겹씩 씌우고 비닐본에 밀착되게 니들로 찔러 고정한다.

14

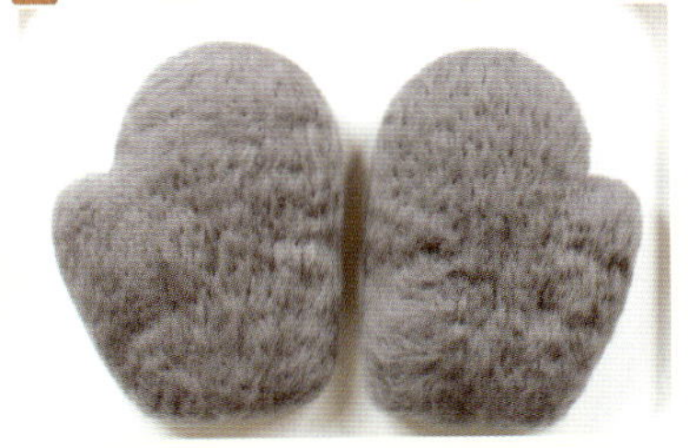

비닐본보다 많이 커진 장갑의 크기를 줄이고 물펠트도 쉽게 하기 위해 니들로 많이 찔러 준다.

15

적당한 물과 세제를 이용하여 양모가 비닐본에 완전히 밀착되게 고정한다.

TIP

양모를 다 씌우고 나면 장갑이 비닐본보다 훨씬 커진 것을 확인할 수 있다. 물펠트 작업에서 꼭 주의해야 할 것은 비닐본 외곽 부분의 위아래 양모가 결합되지 않게 장갑의 중심으로 양모를 당기면서 압축해야 한다는 것이다.

16

압축 작업은 총 120분 정도 소요되며 20분 이후에는 접거나 말아서도 압축이 가능하다.

17

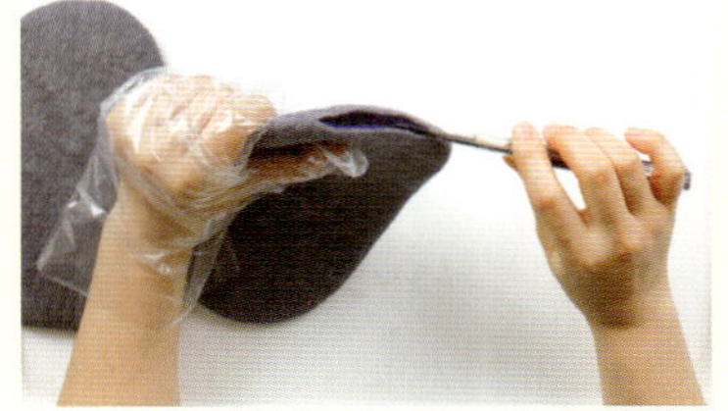

압축 작업이 90% 정도 되었을때 칼로 입구 부분을 자른다.

18

비닐본을 꺼낸다.

19

자른 부분을 손으로 압축하여 마무리한 후 충분히 세척하여 건조한다.

20

진갈색 양모를 별모양 형태로 올려놓고 니들로 찔러 결합한다.

21

별모양 안에 같은 색 양모를 덧대고 니들로 찌른다.

22

별이 완전히 결합될 수 있도록 니들로 찔러 고정한다.

23

장갑의 입구 부분과 윗부분을 바느질(반박음질)로 표현한다.

24

완성

002

목걸이1

만드는 방법 How to make

재료

- 황토색 양모 20g

1

양모를 준비한다.

2

Check!
전체 양모에서 세로를 중심으로 일정한 두께로 분리한다.

목걸이 두께를 결정하여 황토색 양모를 일정하게 분리한다.

3

양손으로 누르면서 비틀어 완성될 목걸이의 두께를 확인한다.

4

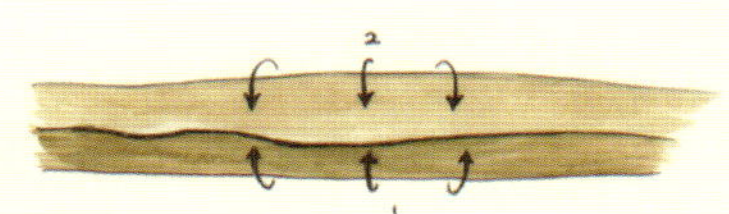

황토색 양모를 둥글게 말아 준다.

5

말아 준 부분을 니들로 찔러 결합한다.

6

시작과 끝부분의 겹치는 부분을 니들로 찔러 연결한다.

7

추가적인 표현을 위해 황토색 양모를 짧게 분리한다.

8

분리한 황토색 양모를 부분적으로 두껍게 감아서 씌운다.

9

양모를 감은 부분을 니들로 찔러 고정한다.

10

추가적으로 몇 군데 더 양모를 부분적으로 감아서 도톰하게 만든다.

Check!
물펠트 작업은 맨손으로 한다.

11

물펠트를 쉽게 하기 위해 목걸이 전체를 니들로 찔러 고정한다.

12

적당한 물과 세제를 이용하여 압축한다. 압축 작업은 총 40분 정도 소요된다.

Check!
압축 작업이 다 끝난 후에 충분히 세척하여 건조한다.

13

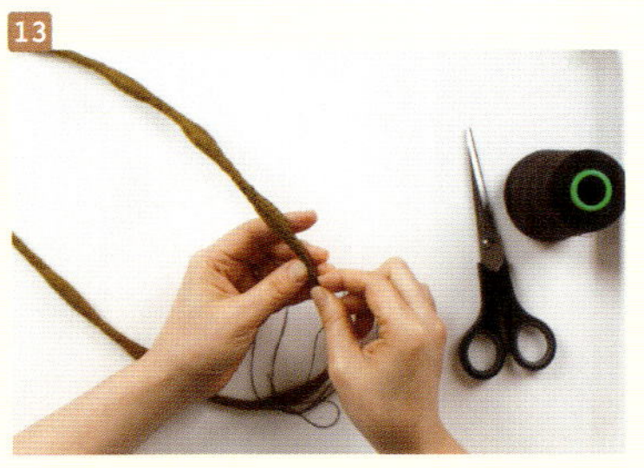

건조된 펠트 위에 바느질(반박음질)을 한다.

14

장식을 위한 바느질이므로 자유롭게 표현하도록 한다.

15

양쪽은 바늘땀을 조밀하게 하고 중앙으로 갈수록 여유 있는 간격으로 바느질한다.

16

완성

003

목걸이2

만드는 방법 How to make

재료

- ◐ 컬러 양모(7색) 15g
- 얇은 고무줄 끈
- 돗바늘

1

양모와 젓가락을 준비한다.

2

젓가락 위에 진녹색 양모를 당기며 감아 씌운다(길다란 형태).

3

젓가락 위에 황토색 양모를 당기며 감아 씌운다(동그란 형태).

4

젓가락 위에 연회색 양모를 당기며 감아 씌운다(짧은 형태).

5

Check!
압축이 끝난 후에 충분히 세척하여 건조한다.

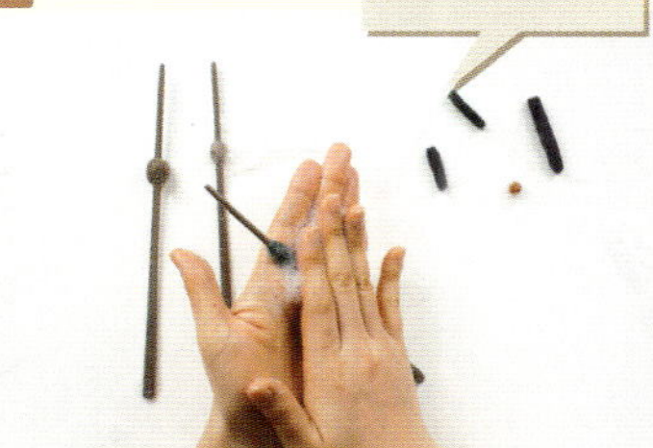

적당한 물과 세제를 이용하여 손바닥으로 누르면서 압축한다. 압축 작업은 개당 약 10분 정도 소요된다.

6

건조된 3가지 형태의 펠트를 원하는 모양과 순서대로 배치한다.

7

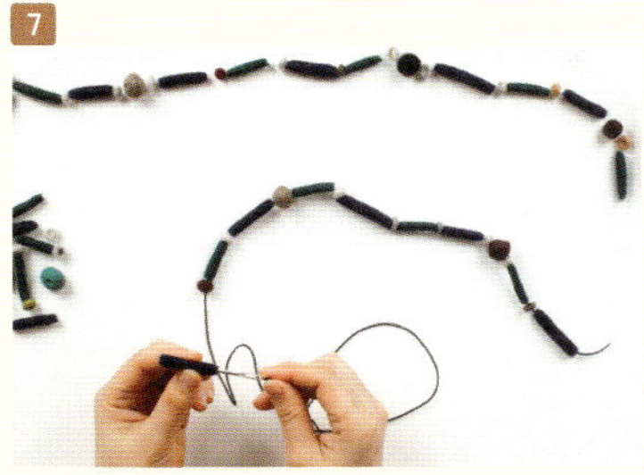

돗바늘을 이용하여 배치한 순서대로 끈에 펠트를 끼운다.

8

펠트를 다 끼운 다음에 끈을 묶는다.

9

완성

004

브로치2

만드는 방법 How to make

재료

- 자주색 양모 15g
- 연회색 양모 약간
- 진분홍색 양모 약간
- 브로치 부자재 1개

1

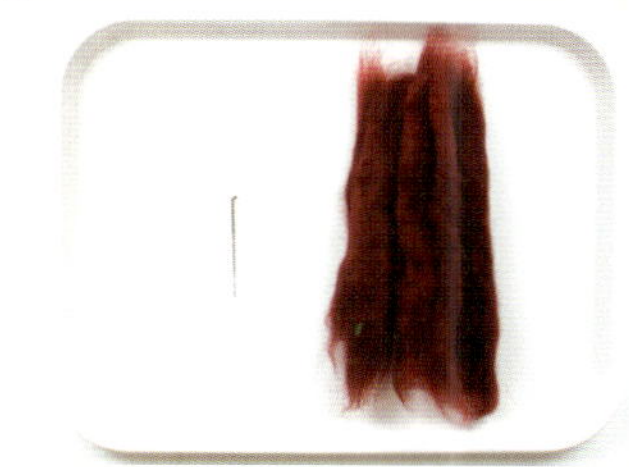

양모를 준비한다.

2

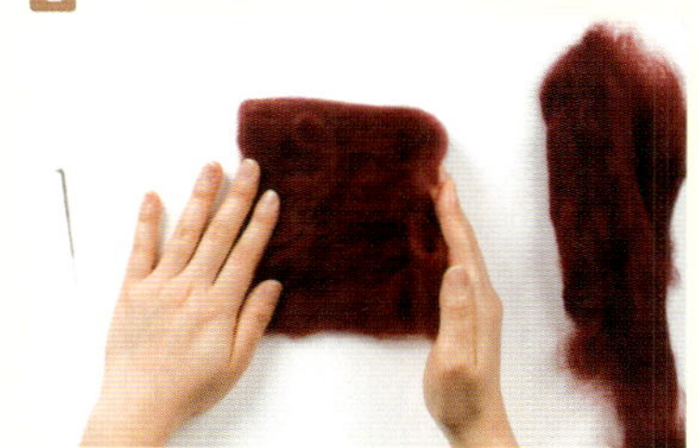

자주색 양모를 적당한 크기로 분리한다.

3

자주색 양모를 5겹 쌓고 겹치는 부분을 니들로 찔러 고정한다.

4

네모 형태의 모서리를 니들로 찔러 둥글게 만든다.

TIP

꽃의 형태를 표현하면서 니들로 충분히 찔러 주어야 물펠트 작업에서 흐트러짐이 적어진다.

5

연회색 양모를 이용하여 꽃의 형태를 만든다.

6

연회색 양모를 덧대고 니들로 찔러 고정한다.

TIP

압축 작업을 하면 단단한 펠트를 기준으로 압축 전보다 약 2/3 크기로 작아진다. 양모를 물펠트 작업 과정을 통해 원단처럼 압축하는 이유는 사용하는 데 불편함이 없게 하기 위해서이다.

7

브로치의 외곽을 니들로 찔러 형태를 만든다.

8

Check!
압축 작업은 총 30분 정도 소요된다.

적당한 물과 세제를 이용하여 손으로 압축한다.

9

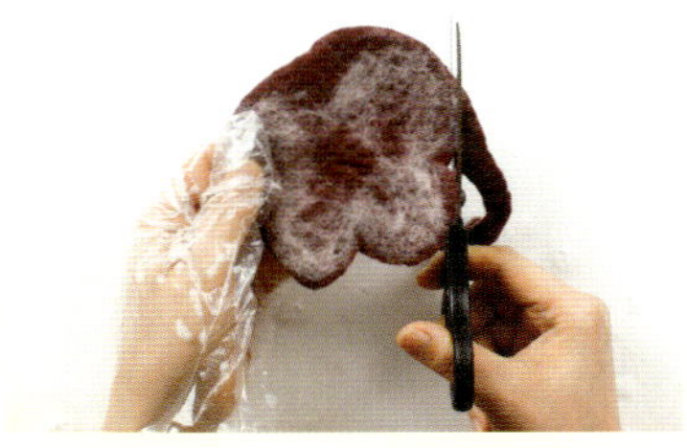

압축 작업이 90% 정도 되었을 때 꽃 모양으로 잘라낸다.

10

자른 부분을 손으로 압축하여 마무리한 후 충분히 세척하여 건조한다.

11

건조된 펠트에 진분홍색 양모를 덧대고 니들로 찔러 결합한다.

12

외곽을 니들로 찔러 정리한다.

13

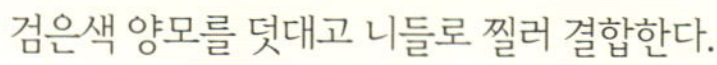

검은색 양모를 덧대고 니들로 찔러 결합한다.

14

꽃의 수술 부분을 바느질 매듭으로 표현한다.

15

꽃잎의 세부를 바느질(반박음질)로 표현한다.

16

브로치 부자재를 연결한다.

Check!
부자재의 크기가 다양하므로 각 작품의 크기에 맞는 것을 사용한다.

17

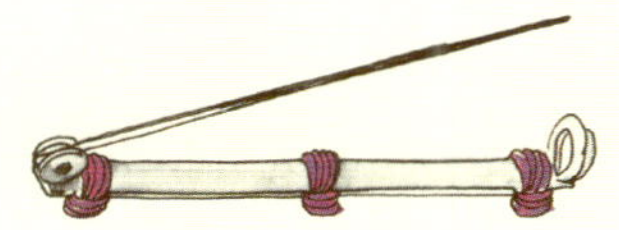

펠트가 상하지 않도록 본드 대신 바느질로 연결한다.

18

완성

005

쿠키 신발

만드는 방법 How to make

재료

- 진갈색 양모 65g
- 노란색 양모 65g
- 컬러 양모 약간씩
- 비닐 본(각 11×20cm)

TIP

모든 캐스팅펠트 작업에서 사용하는 비닐본은 원하는 크기보다 상하좌우 약 2cm 정도 크게 잘라서 사용한다. 왜냐하면 양모가 압축되면서 크기가 작아지기 때문이다.

1

양모와 비닐본을 준비한다.

2

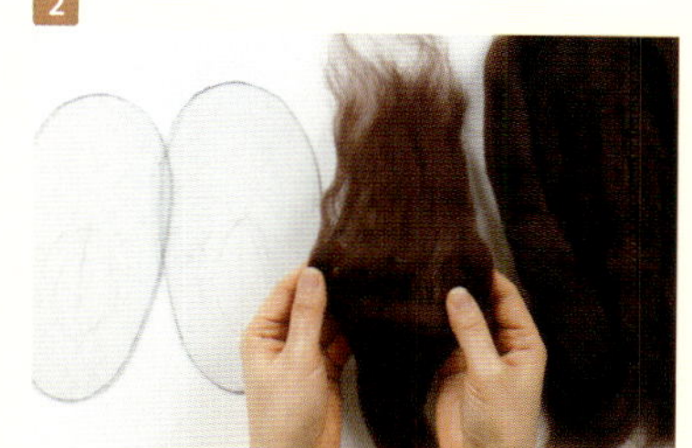

진갈색 양모를 일정한 두께로 분리한다.

3

진갈색 양모를 비닐본에 당기면서 씌운다.

4

뒷면도 진갈색 양모를 당기면서 씌운다.

5

오른쪽 겹치는 부분을 니들로 찔러 고정한다.

6

왼쪽 겹치는 부분도 니들로 찔러 고정한다.

비닐본 양쪽에도 진갈색 양모를 당기면서 씌운다.

8

양모가 겹치는 부분을 손으로 살짝 당겨 니들로 찔러 고정한다.

9

Check!
한 겹의 양모를 씌운 것 처럼 경계를 없애 준다.

남은 양모를 당겨서 앞과 뒤를 둥글게 씌운다.

10

진갈색 양모를 단계적으로 3겹씩 씌우고 비닐본에 밀착되게 니들로 찔러 고정한다.

노란색 양모를 진갈색 양모 위에 당기면서 씌운다.

뒷면도 노란색 양모를 당기면서 씌운다.

13

오른쪽과 왼쪽의 겹치는 부분을 니들로 찔러 고정한다.

14

양쪽에도 노란색 양모를 당기면서 씌운다.

15

양모가 겹치는 부분을 손으로 살짝 당겨 니들로 찔러 고정한다.

16

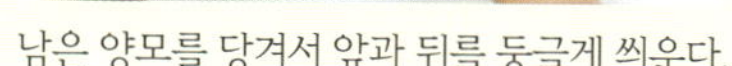

남은 양모를 당겨서 앞과 뒤를 둥글게 씌운다.

17

노란색 양모를 단계적으로 3겹씩 씌우고 비닐본에 밀착되게 니들로 찔러 고정한다.

Check!
압축 작업은 총 70분 정도 소요된다.

18

적당한 물과 세제를 이용하여 양모가 비닐본에 완전히 밀착되게 압축한다.

19

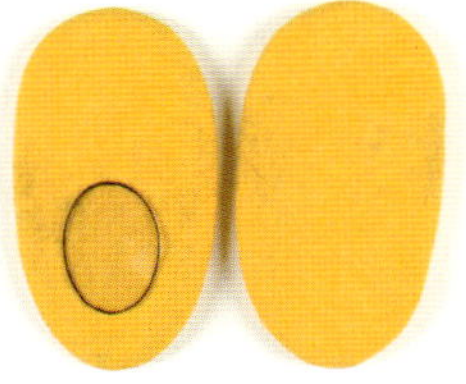

자를 부분의 크기만한 비닐본을 준비한다.

20

압축 작업이 90% 정도 되었을 때 비닐본을 대고 칼로 자른다.

21

자른 부분을 손으로 압축하여 마무리한 후 충분히 세척하여 건조한다.

22

건조된 펠트에 다양한 컬러 양모를 이용하여 쿠키 모양을 표현한다.

23

바느질(반박음질)로 세부를 표현한다.

24

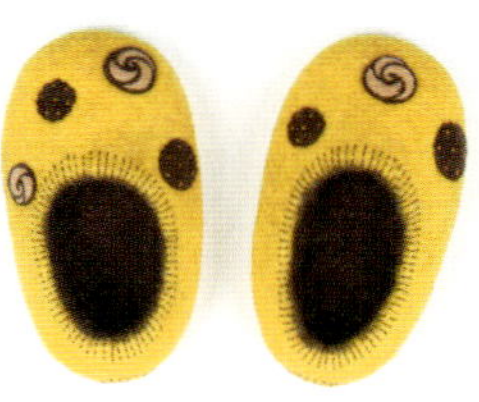

완성

006

파우치

만드는 방법 How to make

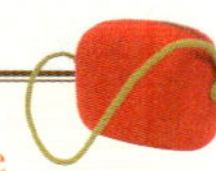

재료

- 진갈색 양모 50g
- 빨간색 양모 65g
- 연두색 양모 10g
- 아이소핑크 바디(20×13×7cm)
- 지퍼 부자재

1

가방 형태로 조각한 바디를 준비한다.

2

Check!
양모는 일정한 두께로 분리하여 준비하 둔다.

랩을 2겹 씌운 바디에 진갈색 양모를 당기면서 씌운다.

3

겹치는 부분을 니들로 찔러 고정한다.

4

윗면과 밑면도 진갈색 양모를 당기면서 씌운다.

5

진갈색 양모를 단계적으로 3겹 씌우고 바디에 밀착되게 니들로 찔러 고정한다.

6

빨간색 양모를 진갈색 양모 위에 당기면서 씌운다.

TIP

캐스팅펠트에 사용하는 바디는 아이소핑크, 스티로폼, 비닐본(투명 고무판)이다. 형태가 다양하고 부피가 큰 바디가 필요할 때는 아이소핑크를 사용하고 작은 둥근 형태의 바디가 필요할 때는 스티로폼을 사용한다. 그리고 크기와 상관없이 다양하게 사용할 수 있는 비닐본이 있다.

Check!
연결되는 부분이 떨어지지 않게 충분히 찔러 준다.

7

겹치는 부분을 니들로 찔러 고정한다.

8

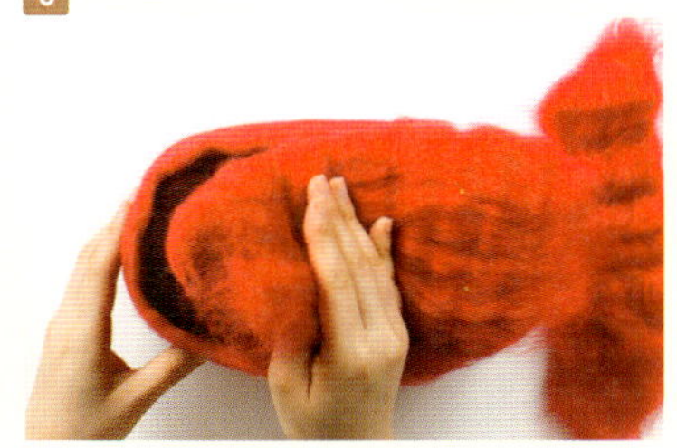

윗면과 밑면도 빨간색 양모를 당기면서 씌운다.

9

빨간색 양모를 단계적으로 4겹 씌우고 바디에 밀착되게 니들로 찔러 고정한다.

10

적당한 물과 세제를 이용하여 양모가 바디에 완전히 밀착되게 압축한다.

11

압축 작업은 70분 정도 소요되며 압축이 90% 정도 되었을 때 칼로 입구 부분을 자른다.

12

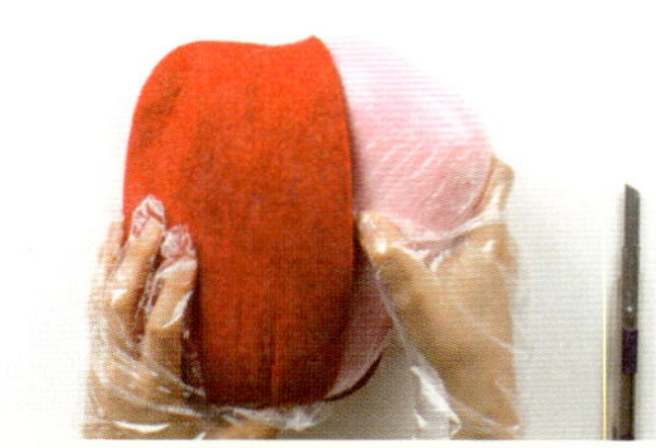

자른 부분을 통해 바디를 꺼낸다.

13

자른 부분을 손으로 압축한 후 충분히 세척하여 건조한다.

14

연두색 양모를 실제 길이보다 약 4cm 정도 길게 분리한다. 압축하는 과정에서 약간 줄어들기 때문이다.

15

양손으로 누르면서 비틀어 완성될 끈의 두께를 확인한다.

Check!
압축 작업은 20분 정도 소요된다.

16

양쪽 끝은 납작하게 3겹이 되도록 접어서 니들로 찔러 고정한다.

17

양모를 둥글게 말아서 니들로 찔러 고정한다.

18

적당한 물과 세제를 이용하여 손으로 압축한다.

Check!
압축이 끝난 후에 충분히 세척하여 건조한다.

19

압축 작업이 90% 정도 되었을 때 끈 양쪽 부분을 가위로 동그랗게 자르고 압축한다.

20

건조된 펠트에 지퍼를 핀으로 임시 고정한다.

21

바느질(박음질)로 지퍼를 연결한다.

22

지퍼를 열어서 반대쪽도 바느질로 연결한다.

23

파우치 끈을 핀으로 임시 고정한 후 바느질로 연결한다.

24

완성

007

모빌

만드는 순서 How to make

재료

- 흰색 각 15g×5 = 75g
- 컬러 양모(7색) 각 10g×7 = 70g
- 딸랑이 5개
- 원형 나무 1개
- 끈 5개

TIP

여기서는 바닷속에 사는 생물(거북이, 조개, 불가사리, 복어, 열대어 등)을 모티브로 모빌 장식을 만들었다. 그밖에도 하나의 테마를 골라 다양한 모빌 장식을 만들어 볼 수 있다.

1

양모와 딸랑이를 준비한다.

2

딸랑이에 흰색 양모를 당기면서 4겹 씌운다.

3

겹치는 부분을 니들로 찔러 고정한다. 같은 방법으로 나머지 딸랑이에도 흰색 양모를 씌운다.

4

복어 모양을 만들기 위해 흰색 양모 위에 하늘색 양모를 단계적으로 2겹 씌우고 니들로 찔러 고정한다.

5

노란색 양모를 복어의 배부분에 덧대고 니들로 찔러 고정한다.

6

적당한 물과 세제를 이용하여 압축한 후 충분히 세척하여 건조한다.

TIP

니들펠트 작업을 할 때는 플라스틱 딸랑이를 피하기 위해 니들을 기울여서 펠트의 두께만을 이용해 작업해야 한다.

7

건조된 펠트에 다양한 컬러 양모를 이용하여 원하는 모양을 표현한다.

8

섬세한 부분까지 니들로 찔러 표현한다.

9

원형 나무 위에 연갈색 양모를 당기면서 씌우고 니들로 찔러 고정한다.

10

Check!
압축이 끝난 후에 충분히 세척하여 건조한다.

적당한 물과 세제를 이용하여 손으로 압축한다.

11

복어의 등 부분에 모빌의 끈을 바느질로 연결한다.

12

모빌의 끈을 원형 나무에 연결한다.

13

모빌의 끈을 원형 나무 윗부분에서 모아 정리한다.

14

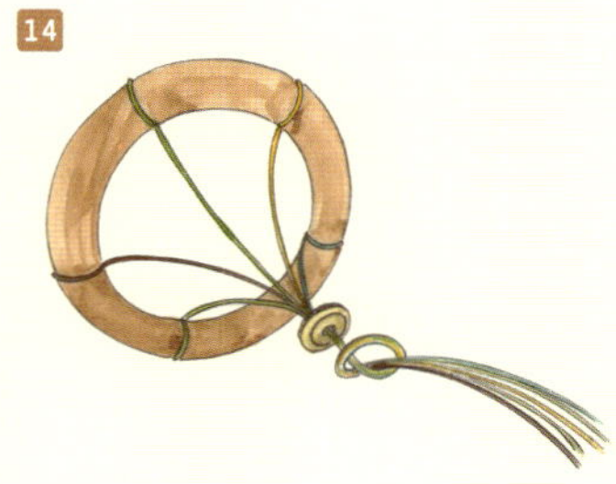

끈을 모아 매듭을 두세 번 묶는다.

15

끈을 세 갈래 땋기 한 후에 다시 매듭을 지어 마무리한다.

16

완성(모빌 앞)

17

완성(모빌 뒤)

크리스마스 볼장식

만드는 방법 How to make

재료

- 빨간색 양모 45g
- 청록색 양모 45g
- 컬러 양모 약간씩
- 스티로폼 볼 2개
- 끈 2개

1

양모와 스티로폼 볼을 준비한다.

2

스티로폼 볼 2개에 빨간색 양모와 청록색 양모를 당기면서 씌운다.

3

빨간색과 청록색 양모를 각각 4겹씩 씌우고 니들로 찔러 고정한다.

4

Check!
압축 작업은 각 30분씩 총 60분 정도 소요된다.

적당한 물과 세제를 이용하여 손으로 압축한 후 충분히 세척하여 건조한다.

5

빨간색 볼에 흰색 양모를 덧대고 니들로 찔러 눈꽃 모양을 표현한다.

6

섬세한 부분까지 니들로 찔러 표현한다.

7

흰색 양모 위에 빨간색 양모를 덧대고 니들로 찔러 결합한다.

8

장식 끈을 바느질로 연결한다.

9

완성

009

크리스마스 카드

만드는 방법 How to make

재료

- 빨간색 양모 65g
- 진녹색 양모 45g
- 컬러 양모 약간씩
- 비닐
- 카드 내지

TIP

평면펠트 작품은 압축 후 약 2/3 정도 크기로 작아지므로, 원하는 크기보다 상하좌우 약 2cm씩 크게 만들어야 한다.

1

양모를 준비한다.

2

빨간색 양모를 일정한 두께로 분리한다.

3

빨간색 양모를 2겹 쌓고 니들로 찔러 고정한다.

4

빨간색 양모 위에 진녹색 양모를 쌓는다.

5

진녹색 양모를 2겹 쌓고 니들로 찔러 고정한다.

6

카드 내지를 끼우기 위해 진녹색 양모 위에 비닐을 놓고 바느질로 시침질하여 고정한다.

TIP

양쪽 비닐이 있는 부분은 나중에 종이로 된 카드 속지를 끼울 부분이므로 잘 결합될 수 있도록 니들 작업과 물펠트 작업을 한다.

7

양쪽에 시침질한 비닐 위에 진녹색 양모를 각각 2겹씩 쌓는다.

Check!
비닐까지 니들이 닿지 않도록 니들을 기울여서 양모만을 찌른다.

8

비닐 위에 쌓은 진녹색 양모를 니들로 찔러 고정한다.

Check!
압축이 끝난 후에 충분히 건조하여 세척한다.

9

적당한 물과 세제를 이용하여 손으로 압축한다.

10

압축 작업은 60분 정도 소요되며 10분 이후에는 접거나 말아서도 압축이 가능하다.

11

비닐을 고정했던 실을 가위로 자른다.

12

실을 당겨서 제거한다.

Check!
니들을 기울여서 양모의 두께만을 이용해서 찌르도록 한다.

13

비닐을 제거한다.

14

외곽 부분을 니들로 찔러 정리한다.

15

다양한 컬러 양모를 이용하여 카드 앞면을 장식한다.

16

카드 뒷면도 다양한 컬러 양모를 이용하여 장식한다.

17

섬세한 부분까지 니들로 찔러 표현한다.

18

글씨 부분은 바느질로 표현한다.

19

카드 내지를 끼운다.

20

완성(앞모습)

21

완성(뒷모습)

펠트 회화

만드는 방법 How to make

재료

- 흰색 양모 200g
- 컬러 양모 40g

1

양모를 준비한다.

2

흰색 양모를 일정하게 분리한다.

3

분리한 흰색 양모를 겹치게 쌓는다.

4

전체가 1겹의 양모가 되도록 일정하게 쌓는다.

5

같은 방법으로 바탕 양모가 5겹이 되도록 쌓는다.

6

5겹의 바탕 양모를 니들로 찔러 고정한다.

TIP

평면 펠트에서 니들 작업을 할 때에는 니들을 45도 정도 기울여서 찔러야 부러지지 않으며 뒷부분을 깨끗하게 완성할 수 있다.

TIP

펠트 회화 작업에서 양모는 물감이며 니들은 붓이 된다. 양모와 니들을 많이 다뤄 익숙해질수록 자유로운 표현을 할 수 있다.

바탕 양모의 외곽 부분도 니들로 찔러 고정한다.

8

드로잉을 준비한다.

9

배경 부분부터 드로잉과 비슷하게 컬러 양모를 쌓는다.

10

드로잉과 같이 컬러 양모를 세로결로 쌓아가며 니들로 찔러 고정한다.

11

물펠트 과정에서 이미지가 흐트러지지않게 니들로 충분히 찔러 고정한다.

12

전체를 뒤집어서 외곽 부분을 확인하며 니들로 찔러 고정한다.

13

적당한 물과 세제를 이용하여 손으로 압축한다.

14

압축 작업은 60분 정도 소요되며 20분 이후에는 접거나 말아서도 압축이 가능하다.

15

Check!
압축 작업이 끝난 후에 충분히 세척하여 건조한다.

가로와 세로를 번갈아 접어가며 압축한다.

16

건조된 펠트를 준비한다.

17

흰색 양모를 얇게 분리하여 이미지 형태를 잡고 니들로 찔러 결합한다.

18

이미지 형태 위에 컬러 양모를 덧대고 니들로 찔러 결합한다.

19

완성 단계에 갈수록 흰색의 이미지 형태가 보이지 않게 컬러 양모를 덧대어 가며 니들로 찔러 준다.

20

눈, 코, 입과 같은 세부를 섬세하게 표현하고 마무리한다.

21

완성

Part 4

펠트공예 고급과정

고급 과정에서는 예술 작품에 버금가는 창의력과 솜씨를 필요로 하는 소품들을 소개한다. 특히 동물 오브제들은 공간을 돋보이게 할 근사한 인테리어 소품이 될 것이다.

001

다용도 그릇

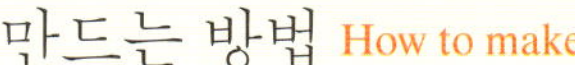

만드는 방법 How to make

재료

- ● 연황토색 양모 75g
- ● 검은색 양모 135g
- ◐ 컬러 양모 약간씩
- 아이소핑크 바디(20×20×13cm)

1

그릇 모양으로 조각한 바디를 준비한다.

2

Check!
양모는 일정한 두께로 분리하여 준비해 둔다.

랩을 2겹 씌운 바디에 연황토색 양모를 당기면서 씌운다.

3

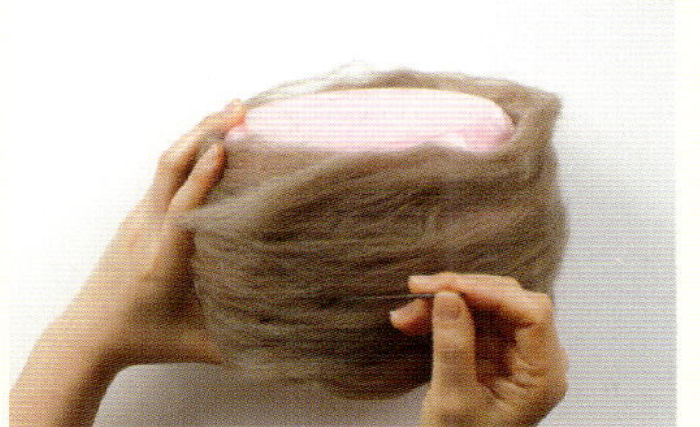

겹치는 부분을 니들로 찔러 고정한다.

4

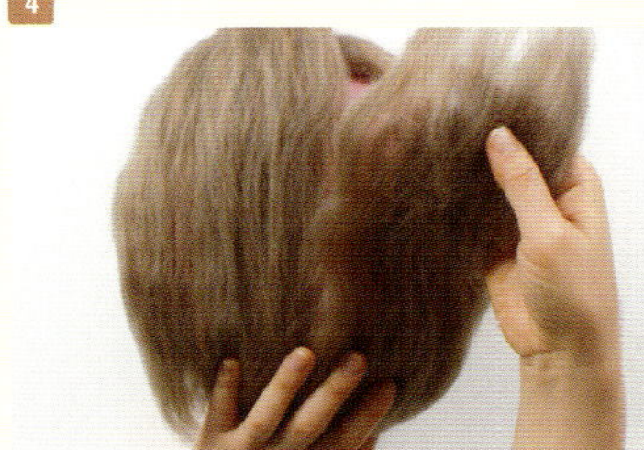

바디의 윗면과 밑면도 양모를 씌운다.

5

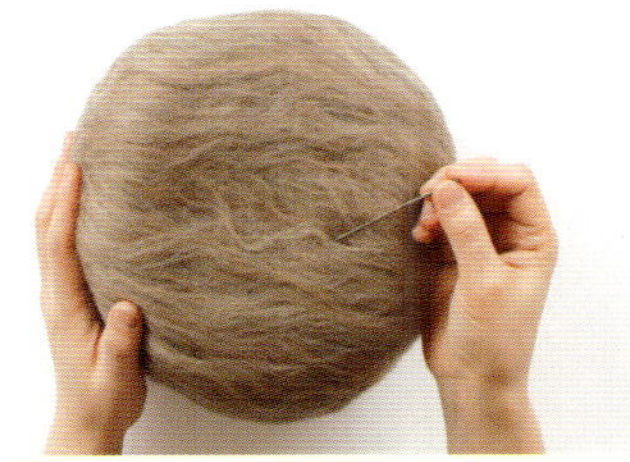

연황토색 양모를 단계적으로 3겹 씌우고 바디에 밀착되게 니들로 찔러 고정한다.

6

검은색 양모를 연황토색 양모 위에 당기면서 덧씌운다.

7

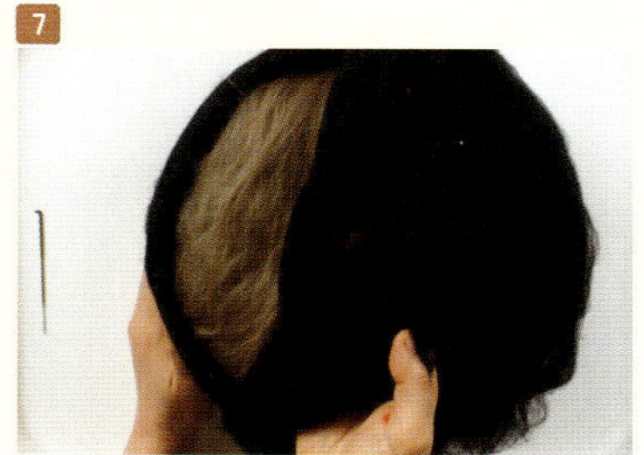

바디의 윗면과 밑면도 씌운다.

8

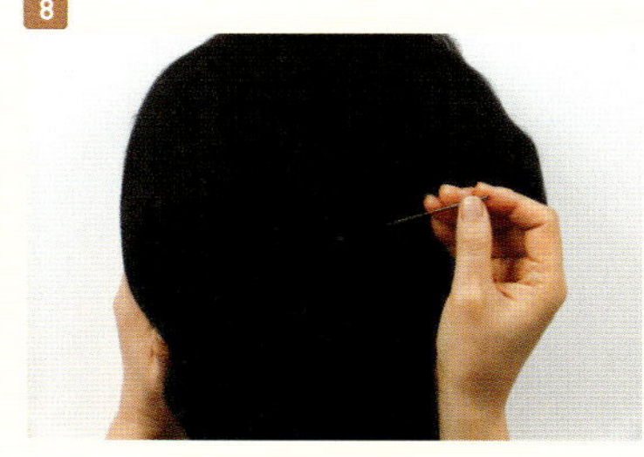

검은색 양모를 단계적으로 5겹 씌우고 바디에 밀착되게 니들로 찔러 고정한다.

Check!
압축 작업은 90분 정도 소요된다.

9

적당한 물과 세제를 이용하여 양모가 바디에 완전히 밀착되게 압축한다.

10

자를 부분을 미리 바느질(시침질)로 표시해 준다.

11

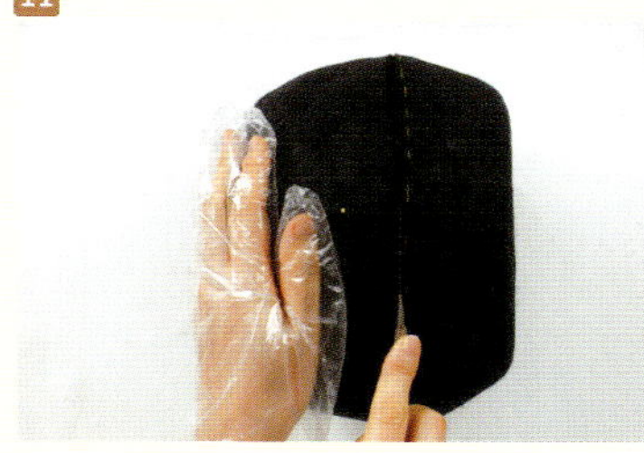

압축 작업이 90% 정도 되었을 때 칼로 펠트만 조심스럽게 자른다.

12

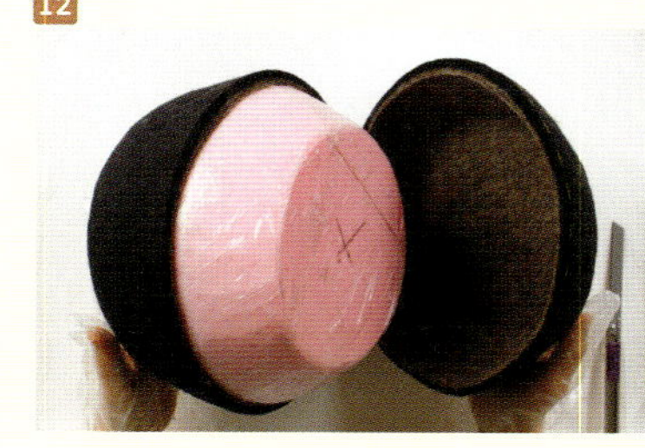

바디를 꺼낸다.

13

자른 부분을 손으로 압축한 후 충분히 세척하여 건조한다.

14

다양한 컬러 양모를 이용하여 둘레를 장식한다.

15

섬세한 부분까지 니들로 찔러 결합한다.

16

컬러 양모를 이용해 손으로 대략적인 꽃 형태를 만든다.

17

그릇 안쪽 바닥에 꽃 형태를 올려놓고 니들로 찔러 결합한다.

Check!
바탕 펠트와 덧댄 양모가 잘 결합되게 충분히 찔러 준다.

18

검은색 양모를 꽃 중심에 덧대고 니들로 찔러 결합한다.

19

바느질 매듭으로 꽃 수술을 표현한다.

20

장식 효과를 위해 둘레를 따라 바느질(반박음질)한다.

21

안쪽 면도 바느질로 표현한다.

22

완성

TIP

바느질할 때는 펠트 두께의 반 정도만을 이용한다. 그래야 반대쪽 면에 바느질 땀이 안 보인다. 항상 바느질은 니들펠트 작업을 완전히 끝내고 해야 한다.

002

모자

만드는 방법 How to make

재료

- 어두운 분홍색 양모 70g
- 빨간색 양모 70g
- 컬러 양모 약간씩
- 비닐 본(34×23cm)
- 아이소핑크 바디(15×16×18cm)

1

양모와 비닐본을 준비한다.

2

Check!
양모를 일정한 두께로 분리하여 준비해 둔다.

어두운 분홍색 양모를 비닐본에 당기면서 씌운다.

3

옆에도 어두운 분홍색 양모를 당기면서 씌우고 겹치는 부분은 니들로 찔러 고정한다.

4

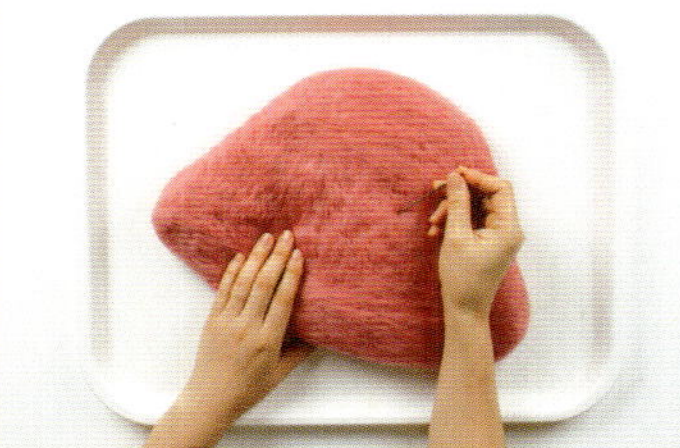

어두운 분홍색 양모를 단계적으로 4겹 씌우고 비닐본에 밀착되게 니들로 찔러 고정한다.

5

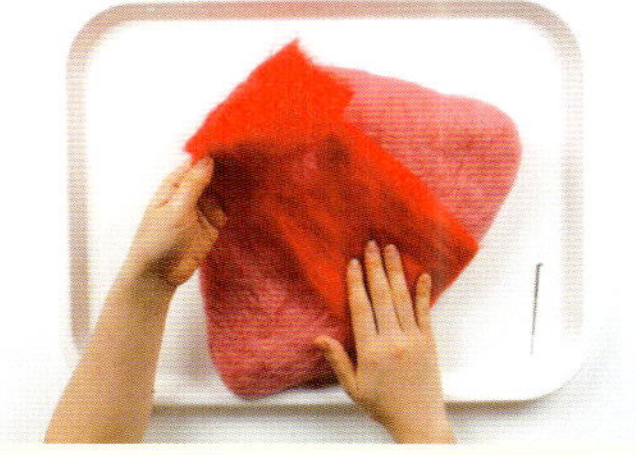

빨간색 양모를 어두운 분홍색 양모 위에 당기면서 씌운다.

6

옆에도 빨간색 양모를 당기면서 씌우고 겹치는 부분은 니들로 찔러 고정한다.

TIP

초보자일수록 물펠트 작업 전에 니들로 양모를 최대한 많이 찌른 다음 압축 작업을 하는 것이 수월하다. 니들로 찌를 때는 비닐본을 피하기 위해 기울여서 찔러 준다. 물펠트의 압축 작업이 끝나고 가위로 자를 때에는 비닐본이 잘리지 않게 조심한다.

Check!
부피를 줄이고 압축 작업을 쉽게 하려면 니들로 많이 찔러 주어야 한다.

7

빨간색 양모를 단계적으로 4겹 씌우고 비닐본에 밀착되게 니들로 찔러 고정한다.

8

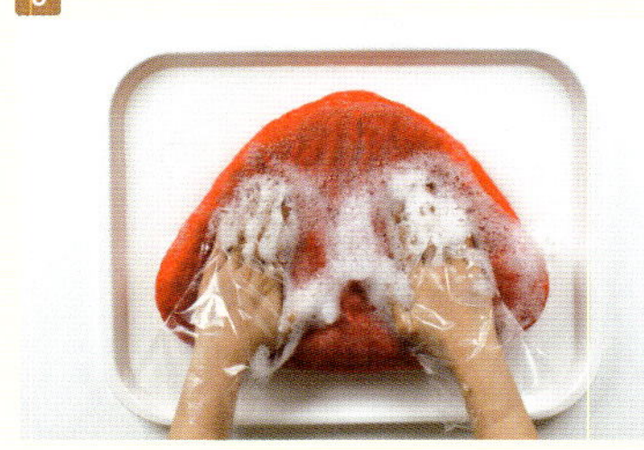

적당한 물과 세제를 이용하여 손으로 압축한다.

9

압축 작업은 120분 정도 소요되며 20분이 후에는 접거나 말아서도 압축이 가능하다.

10

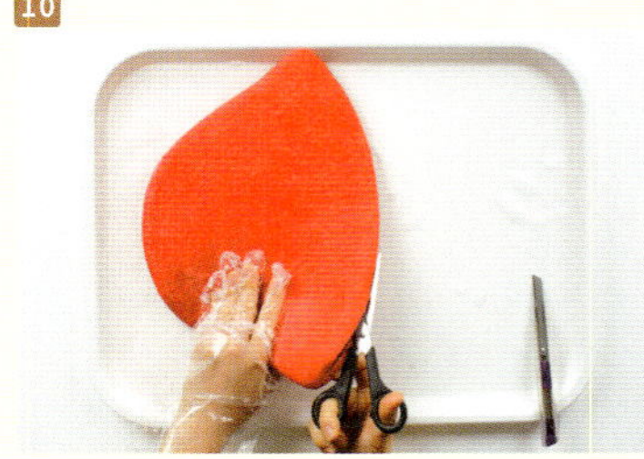

압축 작업이 90% 정도 되었을 때 머리가 들어갈 부분을 칼과 가위로 자른다.

11

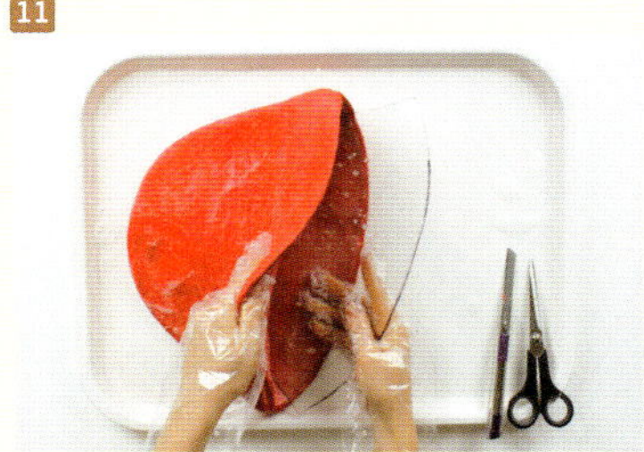

자른 부분을 통해 비닐본을 꺼낸다.

12

형태를 잡아 줄 바디에 랩을 2겹 감은 후 모자를 씌운다.

13

바디에 씌운 상태로 모자 형태가 잘 잡히도록 압축한다.

14

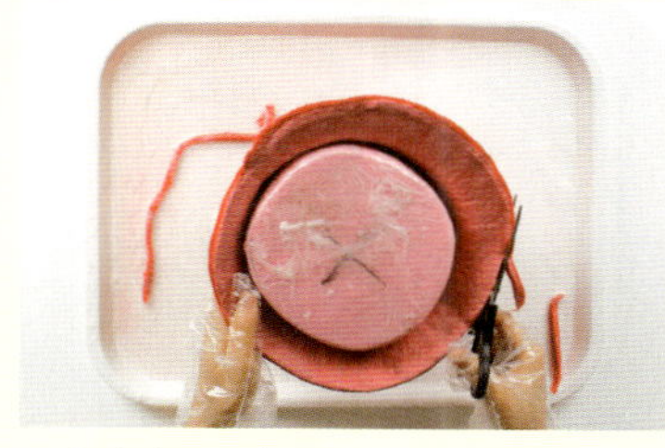

모자 하단 부분을 고르게 가위로 잘라 낸다.

15

Check!
압축이 끝난 후에 충분히 세척하여 건조한다.

자른 부분을 손으로 압축하여 마무리한다.

16

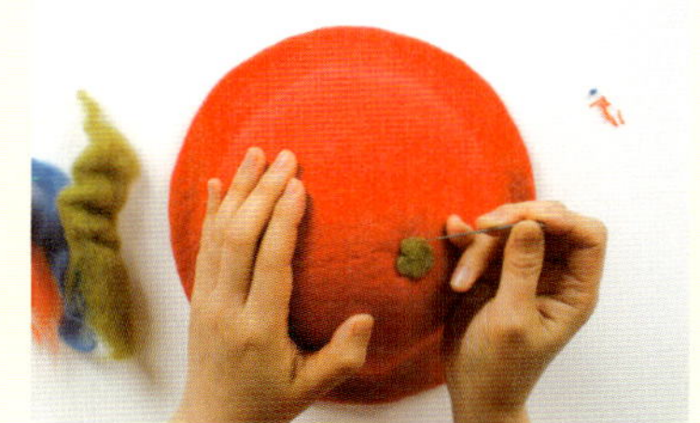

건조된 펠트에 다양한 컬러 양모를 이용하여 장식한다.

17

섬세한 부분까지 니들로 찔러 결합한다.

18

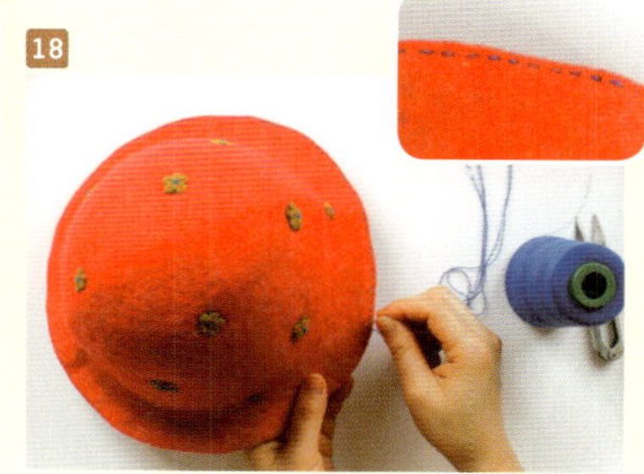

모자의 가장자리를 바느질(반박음질)로 표현한다.

19

완성

TIP

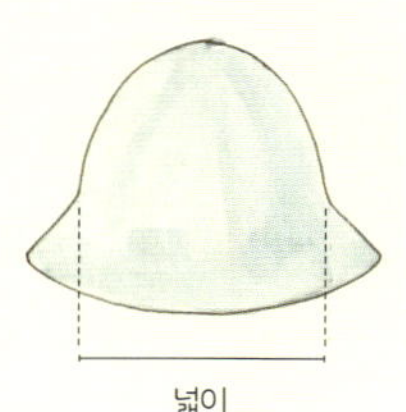

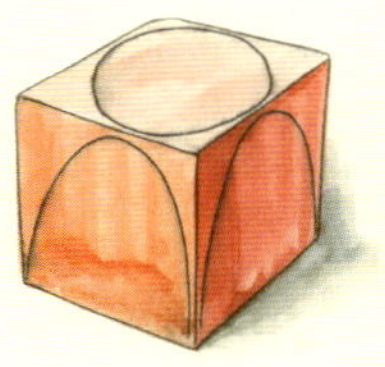

모자 바디 조각하는 방법

모자의 높이와 넓이를 계산해서 아이소핑크에 스케치한 후 반구 형태로 조각한다.

바디를 조각하기 어려울 때는 형태를 잡아 줄 수 있는 적당한 크기의 그릇을 사용해도 된다.

003

바스켓

만드는 방법 How to make

재료

- 진갈색 양모 105g
- 파란색 양모 105g
- 연두색 양모 20g
- 컬러 양모 약간씩
- 아이소핑크 바디(15×14×16cm)

1

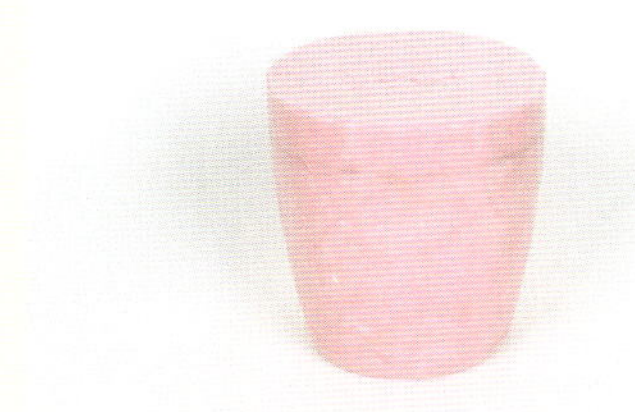

바스켓 형태로 조각한 바디를 준비한다.

2

Check!
양모를 일정한 두께로 분리하여 준비해 둔다.

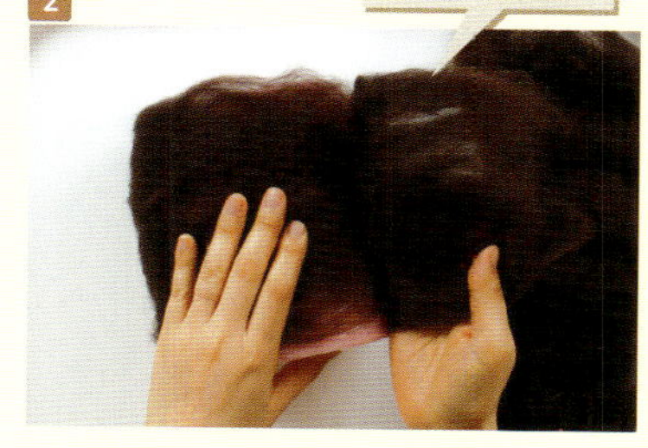

랩을 2겹 씌운 바디에 진갈색 양모를 당기면서 씌운다.

3

겹치는 부분을 니들로 찔러 고정한다.

4

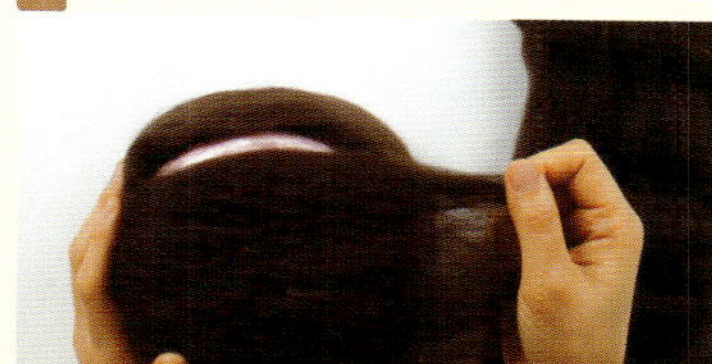

바디의 윗면과 밑면에도 양모를 씌우고 겹치는 부분을 니들로 찔러 고정한다.

5

진갈색 양모를 단계적으로 5겹 씌우고 바디에 밀착되게 니들로 찔러 결합한다.

6

파란색 양모로 바디의 윗면을 씌운다.

TIP

잘라낸 뚜껑도 손잡이를 달아서 사용하는 것이 가능하다. 뚜껑까지 사용하려면 바디를 제거하고 어느 한쪽이 너무 작아지지 않게 수시로 확인해 가며 자른 부분을 중심으로 압축하여 마무리한다.

7

옆면에도 파란색 양모를 당기면서 덧씌운다.

8

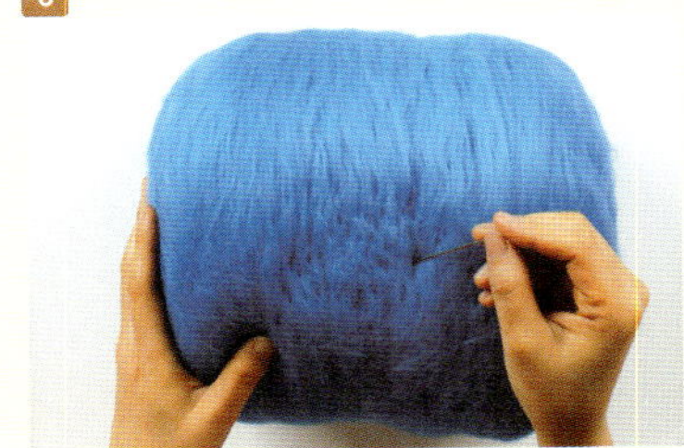

파란색 양모를 단계적으로 5겹 씌우고 바디에 밀착되게 니들로 찔러고정한다.

Check!
압축 작업은 총 120분 정도 소요된다.

9

적당한 물과 세제를 이용하여 양모가 바디에 완전히 밀착되게 압축한다.

10

압축 작업이 90% 정도 되었을때 칼로 조심스럽게 펠트만 자른다.

11

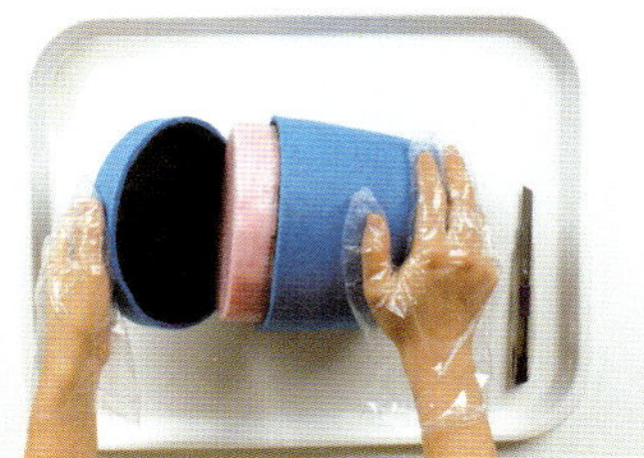

바디를 꺼낸다.

12

자른 부분을 손으로 압축한 후 충분히 세척하여 건조한다.

13

연두색 양모 양쪽 끝을 3겹으로 납작하게 접고 가운데 부분은 둥글게 말아서 니들로 찔러 고정한다.

14

Check!
압축 작업은 총 20분 정도 소요된다.

적당한 물과 세제를 이용하여 손으로 압축한다.

15

끈 양쪽 부분의 압축 작업이 90% 정도되었을 때 가위로 동그랗게 자르고 압축한다.

16

세척하여 건조된 끈을 핀으로 바스켓 양쪽에 임시 고정한다.

17

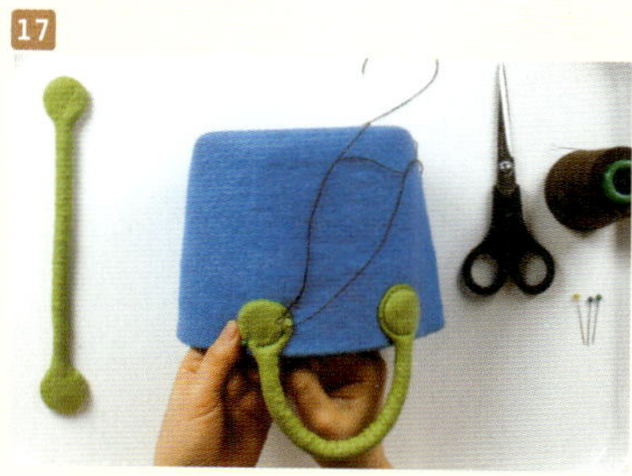

끈을 바느질(박음질)로 연결한다.

18

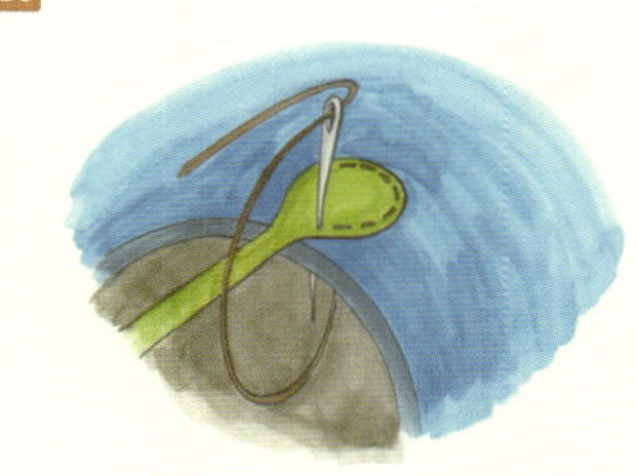

기존의 바느질은 펠트 두께의 일부만을 사용했지만 여기서는 전체 두께를 이용하여 튼튼하게 바느질한다.

19

다양한 컬러 양모를 이용하여 바스켓을 장식한다.

20

바느질로 섬세한 부분까지 표현한다.

21

완성

조끼

만드는 방법 How to make

재료

- 연회색 양모 330g
- 진갈색 양모 330g
- 황토색 양모 20g
- 비닐본

1

양모와 비닐본을 준비한다.

Check!
양모는 일정한 두께로 분리하여 준비해 둔다.

2

연회색 양모를 비닐본에 당기면서 씌운다.

3

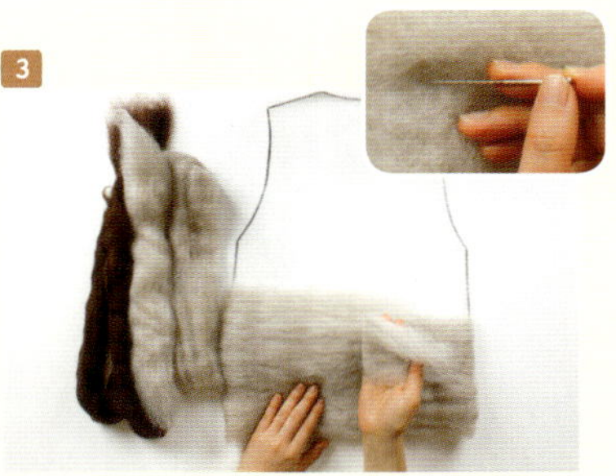

차례로 연회색 양모를 씌워가며 겹치는 부분은 니들로 찔러 고정한다.

4

연회색 양모를 단계적으로 4겹 씌우고 비닐본에 밀착되게 니들로 찔러 고정한다.

5

진갈색 양모를 연회색 양모 위에 당기면서 덧씌운다.

6

겹치는 부분을 니들로 찔러 고정한다.

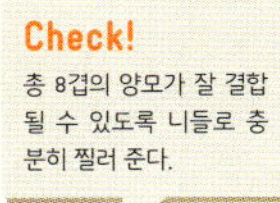

7

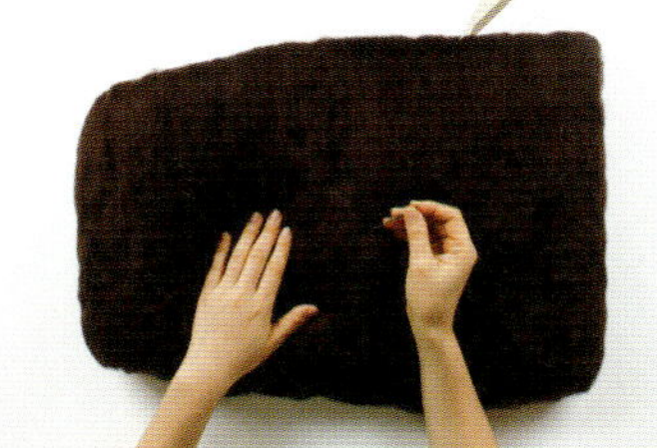

진갈색 양모를 단계적으로 4겹 씌우고 비닐본에 밀착되게 니들로 찔러 고정한다.

8

적당한 물과 세제를 이용하여 양모가 비닐본에 완전히 밀착되게 압축한다.

9

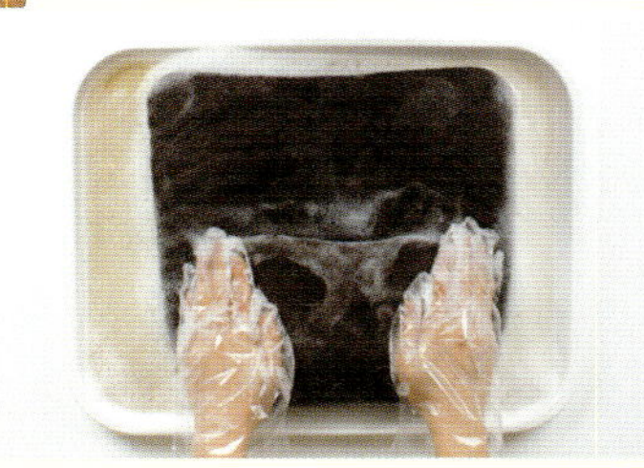

압축 작업은 120분 이상 소요되며 20분 이후에는 접거나 말아서도 압축이 가능하다.

10

압축 작업이 90% 정도 되었을 때 가위로 밑부분과 앞부분을 자른다.

11

윗부분도 일단 가위로 자른다.

12

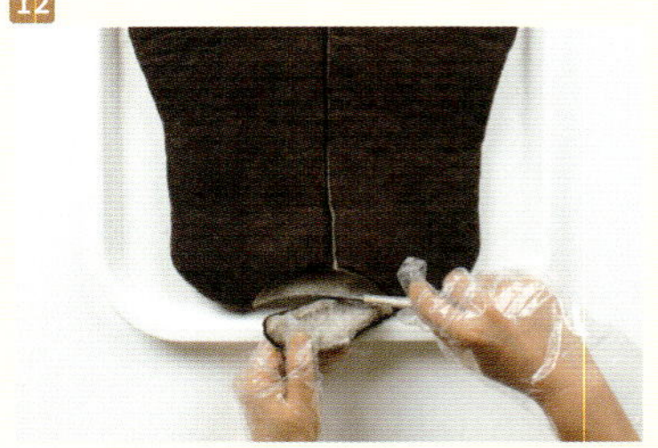

윗부분은 앞뒤 파임이 다르므로 칼을 이용하여 정교하게 잘라낸다.

13

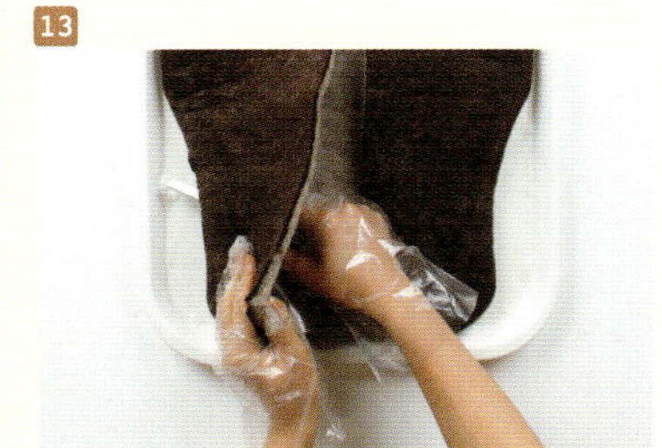

소매 부분도 칼을 이용하여 정교하게 자른다.

14

비닐본을 꺼낸다.

15

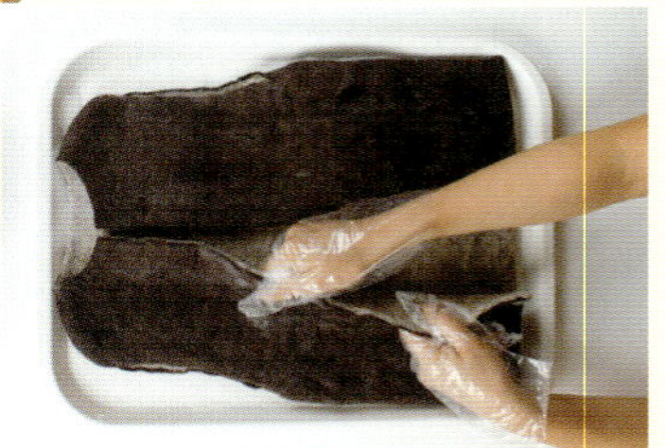

자른 부분을 손으로 압축한다.

16

안쪽 부분도 손으로 압축하여 마무리한다.

17

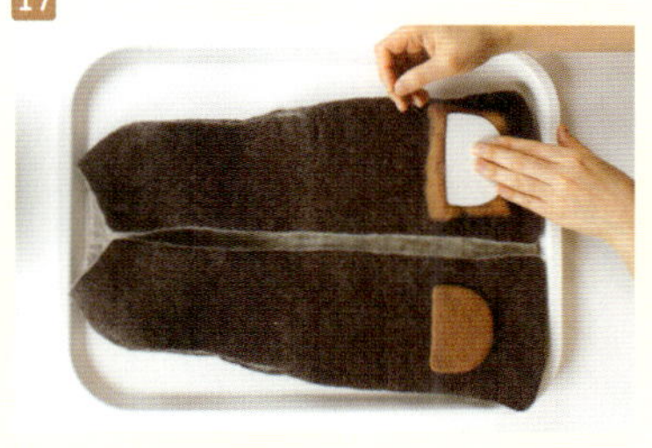

건조된 펠트 조끼에 주머니 종이본을 대고 황토색 양모를 니들로 찔러 결합한다.

18

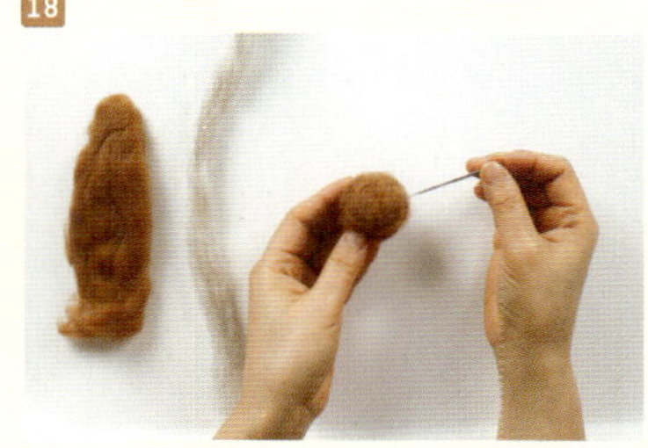

황토색, 연회색 양모를 니들로 찔러 단추와 단추고리 형태를 만든다.

19

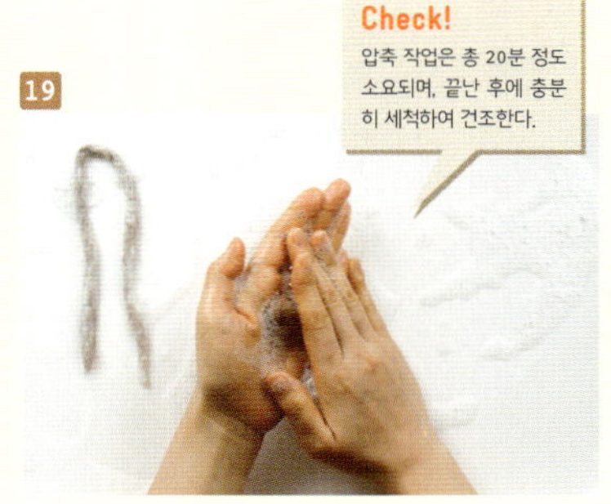

적당한 물과 세제를 이용하여 손으로 비벼서 압축한다.

20

건조된 단추고리를 조끼 안쪽에 바느질로 연결한다.

21

반대쪽에는 단추를 바느질로 연결한다.

22

가장자리를 따라 바느질(반박음질)로 장식한다.

23

주머니 가장자리도 바느질로 장식한다.

24

완성

005

크로스백

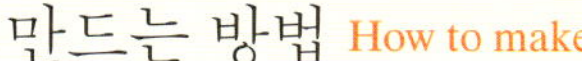

만드는 방법 How to make

재료

- ● 진갈색 양모 95g
- ● 진녹색 양모 65g
- ◐ 컬러 양모 약간씩
- 아이소핑크 바디(15×15×6cm)

1

모양을 내서 조각한 바디를 준비한다.

2

랩을 2겹 씌운 바디에 진갈색 양모를 당기면서 씌운다.

3

겹치는 부분을 니들로 찔러 고정한다.

4

윗면과 밑면도 진갈색 양모를 당기면서 씌운다.

5

진갈색 양모를 단계적으로 4겹 씌우고 바디에 밀착되게 니들로 찔러 고정한다.

6

진녹색 양모를 진갈색 양모 위에 당기면서 씌운다.

7

겹치는 부분을 니들로 찔러 고정한다.

8

진녹색 양모를 단계적으로 4겹 씌우고 바디에 밀착되게 니들로 찔러 고정한다.

9

적당한 물과 세제를 이용하여 양모가 바디에 완전히 밀착되게 압축한다.

10

압축 작업이 90% 정도 되었을 때 윗부분을 칼로 조심스럽게 자른다.

11

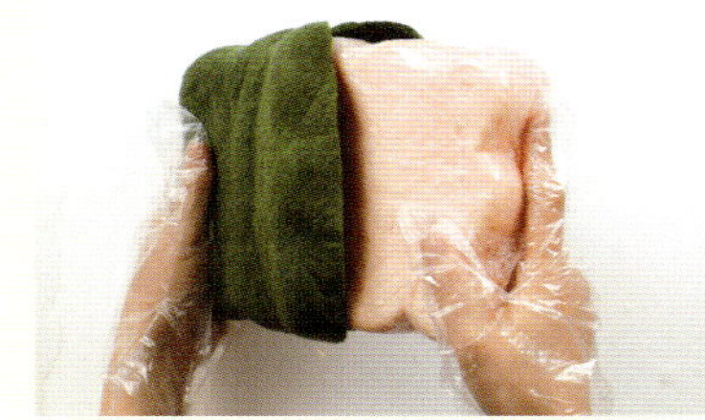

자른 부분을 통해 바디를 꺼낸다.

Check!
압축이 끝난 후에 충분히 세척하여 건조한다.

12

자른 부분을 손으로 압축하여 마무리한다.

13

진갈색 양모를 끈의 실제 길이보다 4cm 정도 길게 분리한다.

14

양손으로 누르면서 비틀어 완성될 끈의 두께를 확인한다.

15

양모를 둥글게 말아 가며 니들로 찔러 고정한다.

16

양쪽 끝은 납작하게 3겹이 되도록 접어서 니들로 찔러 고정한다.

17

적당한 물과 세제를 이용하여 손으로 비벼서 압축한다. 압축 작업은 50분 정도 소요된다.

18

Check!
압축이 끝난 후에 충분히 세척하여 건조한다.

끈 양쪽 부분 압축 작업이 90% 정도 되었을 때 가위로 네모 형태로 자르고 압축한다.

19

건조된 끈을 니들로 찔러 외곽을 정리한다.

20

다양한 컬러 양모를 이용하여 가방을 장식한다.

21

섬세한 부분까지 니들로 찔러 결합한다.

22

지퍼를 핀으로 임시 고정한다.

23

바느질(박음질)로 지퍼를 연결한다.

24

지퍼를 열어서 반대쪽도 바느질로 연결한다.

25

가방끈의 납작한 부분을 핀으로 임시 고정한다.

26

가방끈을 바느질로 연결한다.

27

완성

연필꽂이

만드는 방법 How to make

재료

- ● 진갈색 양모 85g
- ● 어두운 분홍색 양모 85g
- ◐ 컬러 양모 약간씩
- 아이소핑크 바디(10×15×9cm)

1

조각한 바디에 랩을 2겹 씌워 준비한다.

2

Check!
양모는 일정한 두께로 분리하여 준비해 둔다.

바디에 진갈색 양모를 당기면서 씌운다.

3

진갈색 양모를 단계적으로 4겹 씌우고 바디에 밀착되게 니들로 찔러 고정한다.

4

어두운 분홍색 양모를 진갈색 양모 위에 당기면서 덧씌우고 니들로 찔러 고정한다.

5

어두운 분홍색 양모를 단계적으로 4겹 씌우고 바디에 밀착되게 니들로 찔러 고정한다.

6

적당한 물과 세제를 이용하여 양모가 바디에 완전히 밀착되게 압축한다.

Check!
압축 작업이 끝나고 칼로 자를 때에는 리필용 새 칼날로 교체하여 자르면 깔끔하게 작업할 수 있다.

7

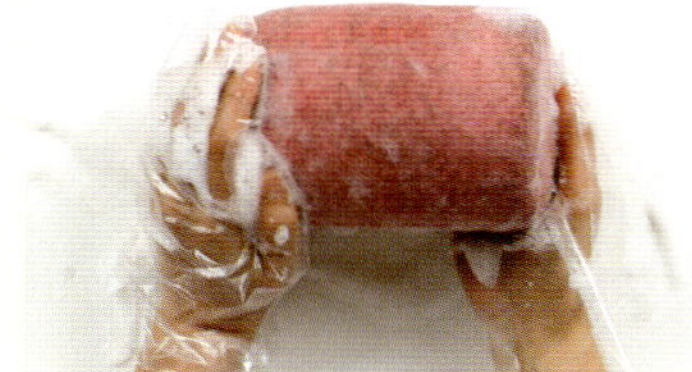

압축 작업은 60분 정도 소요된다.

8

압축 작업이 90% 정도 되었을 때 윗부분을 칼로 조심스럽게 자른다.

9

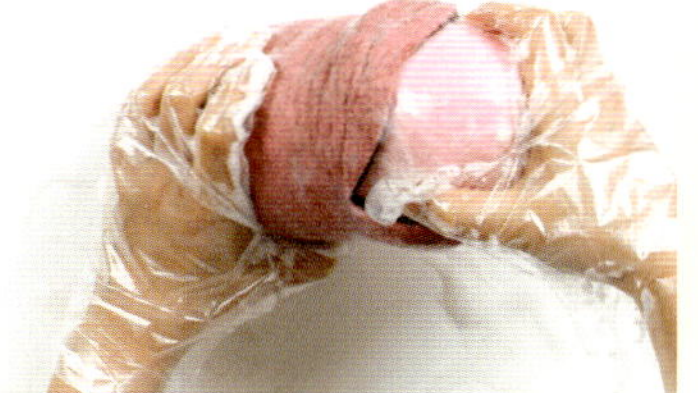

자른 부분을 통해 바디를 꺼낸다.

10

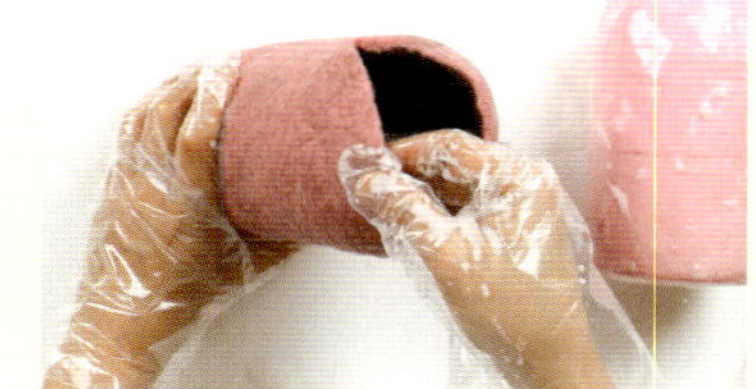

자른 부분을 손으로 압축하여 마무리한 후 충분히 세척하여 건조한다.

Check!
얇게 분리한 진갈색 양모로 형태를 잡는다.

11

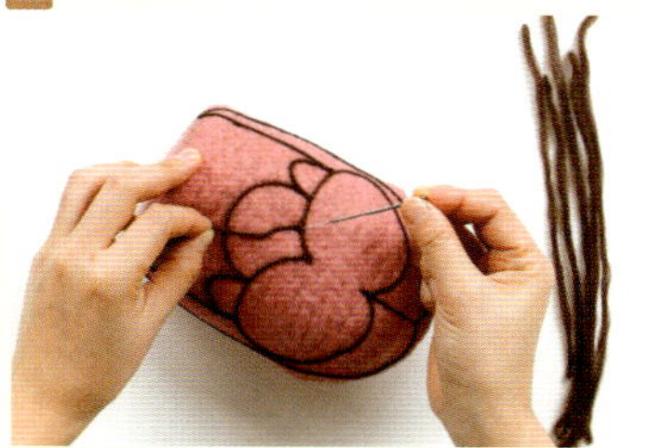

건조된 펠트에 길게 분리한 진갈색 양모를 손으로 꼬아 주면서 니들로 찔러 결합한다.

12

다양한 컬러 양모를 이용하여 부엉이 얼굴을 표현한다.

섬세한 부분까지 니들로 찔러 표현한다.

14

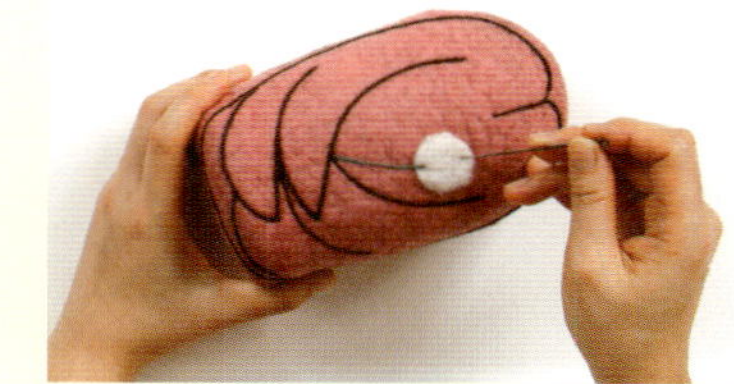

부엉이의 뒷모습도 니들로 찔러 표현한다.

15

바느질(반박음질)로 세부를 표현한다.

16

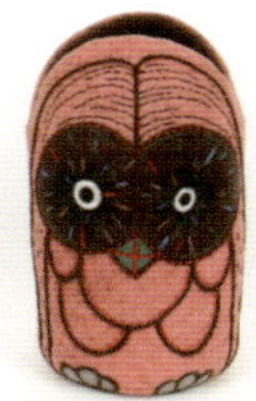

완성

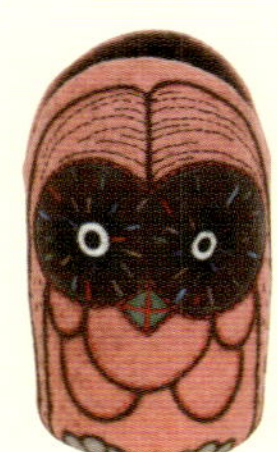
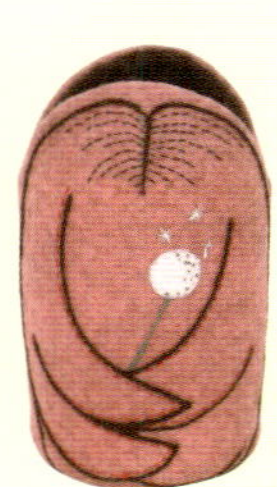

원앙 오브제

만드는 방법 How to make

재료

- 흰색 양모 55g
- 검은색 양모 60g
- 황토색 양모 20g
- 진파란색 양모 2g
- 아이소핑크 바디

TIP

안감 양모와 겉감 양모의 명도차가 클수록 양모를 씌울 때 특정 부분이 얇게 되지 않고 고르게 씌워지도록 하는 것이 중요한다. 원앙의 경우 겉감의 검은색 양모를 얇게 씌우면 안감의 흰색 양모가 많이 올라올 수 있다. 압축 작업을 할 때는 원앙의 머리 부분이 부러지지 않도록 주의한다.

1

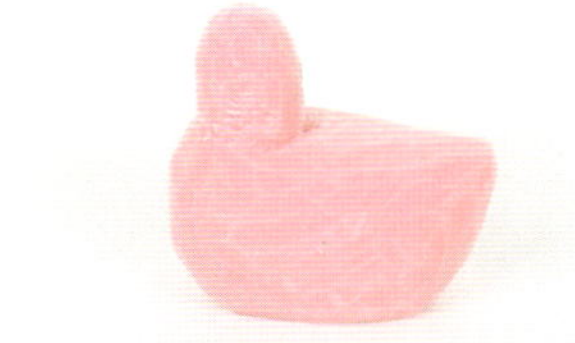

원앙 형태로 조각한 바디를 준비한다.

2

Check!
양모는 일정한 두께로 분리하여 준비 해 둔다.

바디에 흰색 양모를 당기면서 씌운다.

3

흰색 양모를 단계적으로 2겹 씌우고 바디에 밀착되게 니들로 찔러 고정한다.

4

검은색 양모를 흰색 양모 위에 당기면서 씌운다.

5

검은색 양모를 단계적으로 2겹 씌우고 바디에 밀착되게 니들로 찔러 고정한다.

6

적당한 물과 세제를 이용하여 양모가 바디에 완전히 밀착되게 압축한다.

Check!
원앙의 날개인 동시에 수납 주머니가 되는 부분이므로 일정한 두께로 작업한다.

7

날개를 만들기 위해 연한 갈색 양모를 3겹이 되게 접는다.

8

접은 양모를 니들로 찔러 날개 모양으로 고정한다.

9

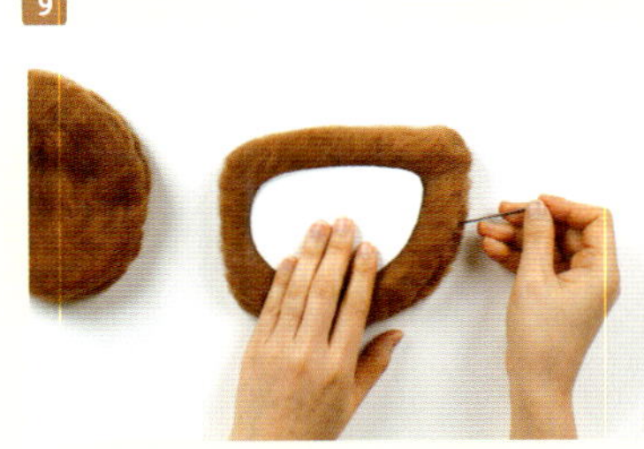

날개 부분을 종이본보다 상하좌우 1cm 크게 니들로 찔러 형태를 만든다.

10

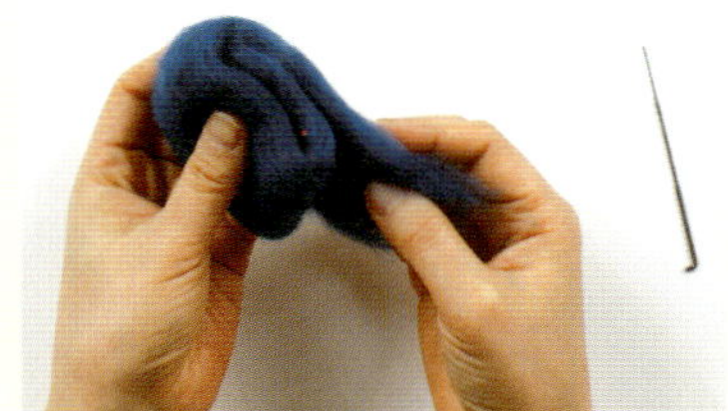

부리를 만들기 위해 진파란색 양모를 3겹이 되게 접는다.

11

접은 양모를 니들로 찔러 부리 모양으로 고정한다.

TIP

날개 본은 종이를 이용하여 완성될 크기의 날개 형태로 만든다. 종이본보다 크게 작업하는 이유는 압축 후에 상하좌우의 크기가 줄어들기 때문이다.

12

적당한 물과 세제를 이용하여 손으로 압축한다.

13

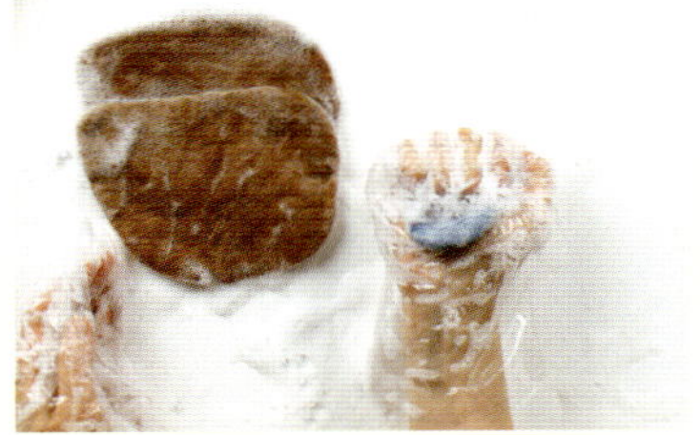

압축 작업은 60분 정도 소요되며 10분 이후에는 접거나 말아서도 압축이 가능하다.

Check!
압축이 끝난 후에 충분히 세척하여 건조한다.

14

건조된 날개와 부리를 니들로 찔러 외곽을 정리한다.

15

날개에 검은색 양모를 니들로 찔러 꽃 모양으로 표현한다.

16

검은색 꽃을 바느질(반박음질)로 꾸민다.

17

원앙의 부리를 바느질(반박음질)로 꾸민다.

18

원앙의 날개를 바느질(반박음질)로 꾸민다.

19

날개를 핀으로 바디에 임시 고정한다.

20

날개를 바느질(수직 감침질)로 연결한다.

21

완성

TIP

수직 감침질

수직 감침질은 촘촘하게 감칠 때 사용하는 방법이다.
겉으로 실이 거의 나타나지 않도록 표현할 때 사용한다.

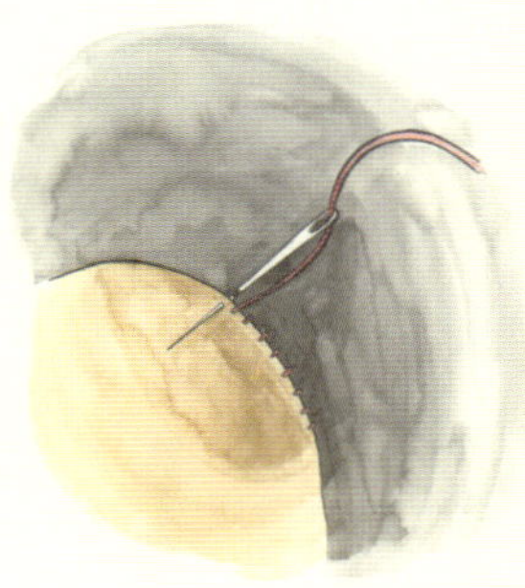

닭 오브제

만드는 방법 How to make

재료

- 흰색 양모 50g
- 진갈색 양모 55g
- 노란색 양모 3g
- 연회색 양모 약간
- 연두색 양모 약간
- 아이소핑크 바디(14×12×7cm)

Check!
양모는 일정한 두께로 분리하여 준비해 둔다.

1

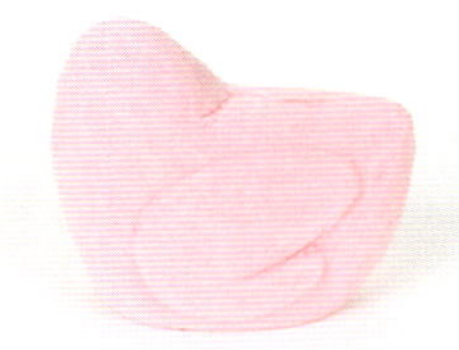

닭 형태로 조각한 바디를 준비한다.

2

흰색 양모를 당기면서 씌운다.

3

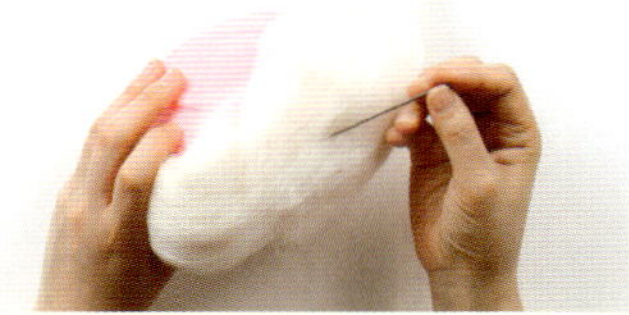

겹치는 부분을 니들로 찔러 고정한다.

4

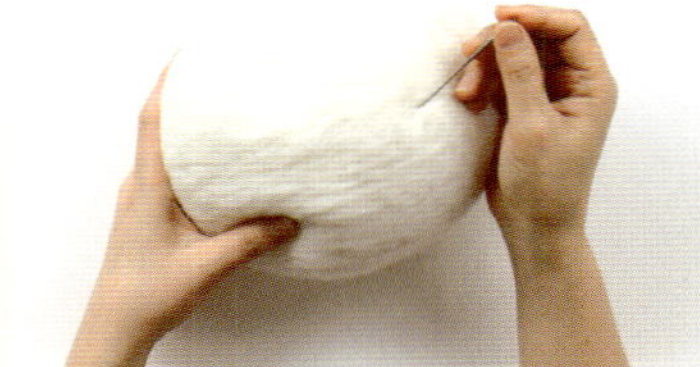

흰색 양모를 단계적으로 2겹 씌우고 바디에 밀착되게 니들로 찔러 고정한다.

5

진갈색 양모를 흰색 양모 위에 당기면서 씌운다.

6

진갈색 양모를 단계적으로 2겹 씌우고 바디에 밀착되게 니들로 찔러 고정한다.

7

적당한 물과 세제를 이용하여 양모가 바디에 완전히 밀착되게 압축한다.

8

날개 부분의 라인을 표현할 진갈색 양모를 일정한 두께로 분리한다.

9

분리한 양모를 손으로 꼬아 주면서 니들로 찔러 날개 라인을 표현한다.

10

연회색 양모를 일정한 크기로 분리한 후 니들로 찔러 결합한다.

11

버슬을 만들기 위해 노란색 양모를 4겹으로 접는다.

12

네모 형태의 모서리 부분을 니들로 찔러 둥근 형태로 만든다.

13

윗부분을 니들로 찔러 버슬 형태에 가깝게 고정한다.

14

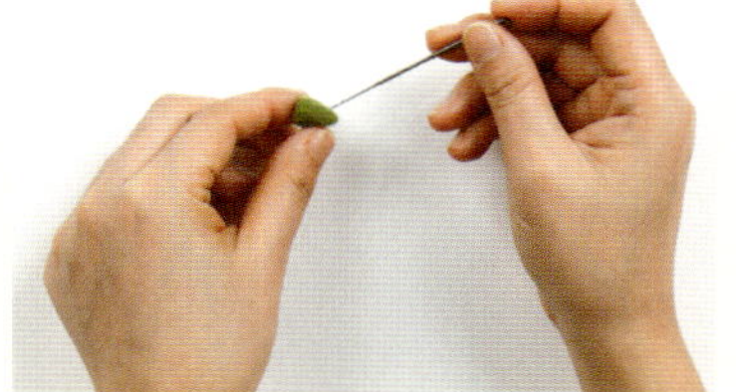

부리를 만들기 위해 연두색 양모를 니들로 찔러 원뿔 형태로 고정한다.

15

적당한 물과 세제를 이용하여 손으로 압축한다.

부리는 원뿔 형태가 흐트러지지 않게 조심스럽게 압축한다.

17

건조된 벼슬을 바느질(반박음질)로 꾸민다.

18

벼슬을 바느질로 연결한다.

19

가로 방향(오른쪽, 왼쪽, 양쪽)으로 닭 머리 부분과 벼슬을 한번에 같이 바느질 한다.

20

가로로 바느질한 후, 세로 방향으로 한번 더 튼튼하게 바느질한다.

21

버튼홀 스티치로 부리 양쪽과 아래의 둥근 부분을 바느질한다.

22

부리를 바느질로 연결한다.

23

먼저 부리를 입 부분에 핀으로 임시 고정하고, 여러 방향으로 바느질해 연결한다.

24

완성

009

NEW SPECIAL EDITION DELUXE
DETAILS & FASHION DESIGN COLLECTIONS
SEOUL PARIS NEWYORK
MILAN TOKYO LONDON MADRID

부엉이 오브제

만드는 방법 How to make

재료

- 흰색 양모 50g
- 진분홍색 양모 55g
- 컬러 양모 약간씩
- 아이소핑크 바디(12×13×10cm)

Check!
양모는 일정한 두께로 분리하여 준비해 둔다.

1

부엉이 형태로 조각한 바디를 준비한다. (앞모습)

2

부엉이 형태로 조각한 바디를 준비한다. (뒷모습)

3

흰색 양모를 당기면서 씌운다.

4

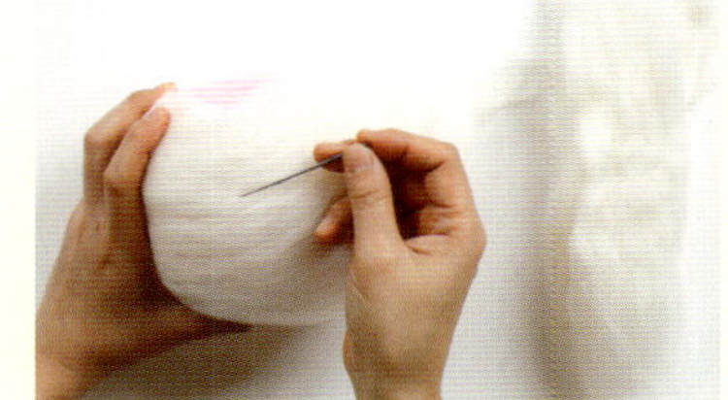

겹치는 부분을 니들로 찔러 고정한다.

5

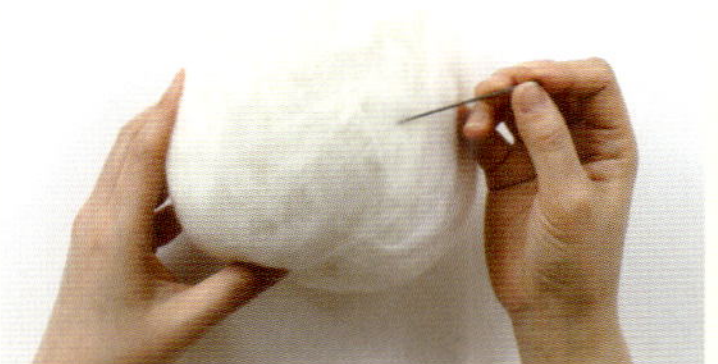

흰색 양모를 단계적으로 2겹 씌우고 바디에 밀착되게 니들로 찔러 고정한다.

6

진분홍색 양모를 흰색 양모 위에 당기면서 씌운다.

7

진분홍색 양모를 단계적으로 2겹 씌우고 바디에 밀착되게 니들로 찔러 고정한다.

Check!
압축 작업은 50분 정도 소요되며, 끝난 후에 충분히 세척하여 건조한다.

8

적당한 물과 세제를 이용하여 양모가 바디에 완전히 밀착되게 압축한다.

Check!
라인을 표현할 진분홍색 양모를 일정한 두께로 분리해 둔다.

9

진분홍색 양모를 손으로 꼬아 주면서 니들로 찔러 눈과 깃털 라인을 표현한다.

10

뒷면의 날개 라인도 니들로 찔러 결합한다.

Check!
양모를 덧댄 양에 따라 입체 크기가 결정된다.

11

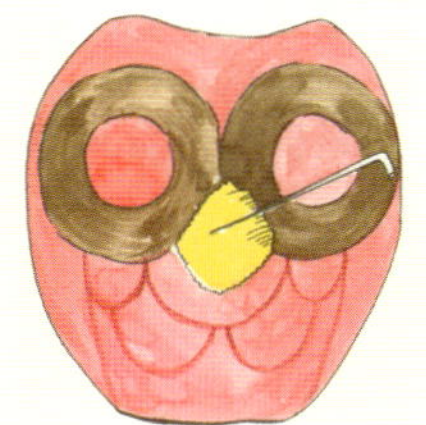

부엉이 부리를 입체로 표현하기 위해 노란색 양모를 두텁게 덧댄 후 니들로 찔러 형태를 잡아 준다.

12

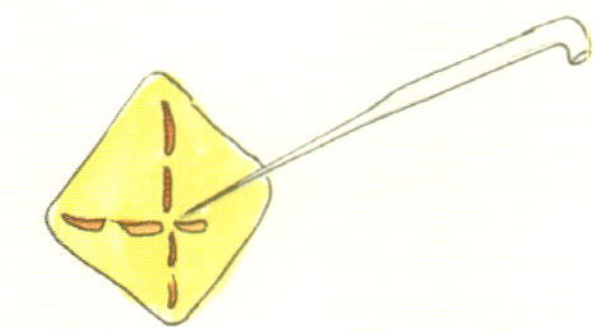

얇게 분리한 양모를 마름모 형태의 부리에 가로지르게 놓고 니들로 찔러 결합한다.

13 다양한 컬러 양모를 이용하여 부엉이 얼굴을 표현한다.

14 눈 둘레를 바느질(반박음질)로 장식한다.

15 깃털과 같은 섬세한 부분까지 바느질로 표현한다.

16 완성(앞모습)

스마트폰 거치대

만드는 방법 How to make

재료

- 흰색 양모 70g
- 연회색 양모 75g
- 컬러 양모 약간씩
- 아이소핑크 바디

1

조각한 바디를 준비한다.

2

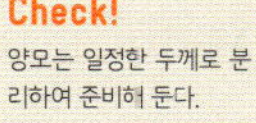

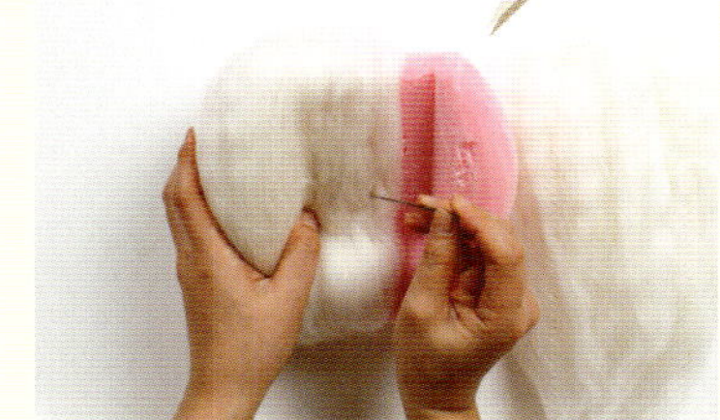

흰색 양모를 당기면서 씌운다.

3

흰색 양모를 단계적으로 2겹 씌우고 바디에 밀착되게 니들로 찔러 고정한다.

4

연회색 양모를 흰색 양모 위에 당기면서 씌운다.

5

연회색 양모를 단계적으로 2겹 씌우고 바디에 밀착되게 니들로 찔러고정한다.

6

Check!
압축 작업은 50분 정도 소요되며, 끝난 후에 충분히 세척하여 건조한다.

적당한 물과 세제를 이용하여 양모가 바디에 완전히 밀착되게 압축한다.

Check!
라인을 표현할 진갈색 양모를 일정한 두께로 분리해 둔다.

7

진갈색 양모를 손으로 꼬아 주면서 니들로 찔러 눈과 깃털 라인을 표현한다.

8

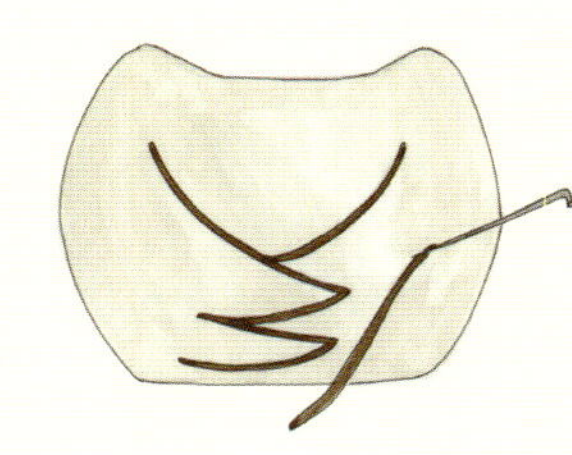

진갈색 양모를 니들로 찔러 뒷면의 날개 라인을 표현한다.

9

검은색 양모를 이용하여 부엉이 눈을 표현한다.

10

초록색 양모를 이용하여 부리를 표현한다.

11

진갈색 양모를 이용하여 눈을 표현한다.

12

바느질로 세부를 표현한다.

13 반박음질로 스티치를 해서 장식 효과를 준다.

14 뒷면의 날개 라인을 따라 바느질(반박음질)을 한다.

15 완성(앞모습)

16 완성(뒷모습)

부엉이 가방

만드는 방법 How to make

재료

- 진갈색 양모 210g
- 연회색 양모 210g
- 황토색 양모 30g
- 컬러 양모 약간씩
- 아이소핑크 바디(25×26×8cm)

1

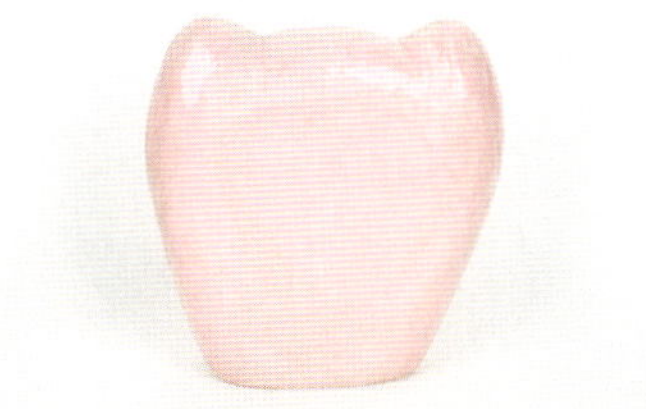

조각한 바디를 준비하고 랩을 2겹 씌운다.

2

일정한 두께로 분리한 진갈색 양모를 바디에 당기면서 씌운다.

3

겹치는 부분을 니들로 찔러 고정한다.

4

나머지 부분에도 진갈색 양모를 당기면서 씌운다.

5

겹치는 부분을 니들로 찔러 고정한다.

6

진갈색 양모를 단계적으로 4겹 씌우고 바디에 밀착되게 니들로 찔러 고정한다.

7

연회색 양모를 진갈색 양모 위에 당기면서 씌운다.

8

겹치는 부분을 니들로 찔러 고정한다.

9

연회색 양모를 단계적으로 4겹 씌우고 바디에 밀착되게 니들로 찔러 고정한다.

10

적당한 물과 세제를 이용하여 양모가 바디에 완전히 밀착되게 압축한다.

11

압축 작업이 90% 정도 되었을 때 가방 입구가 될 펠트 윗부분을 칼로 조심스럽게 자른다.

12

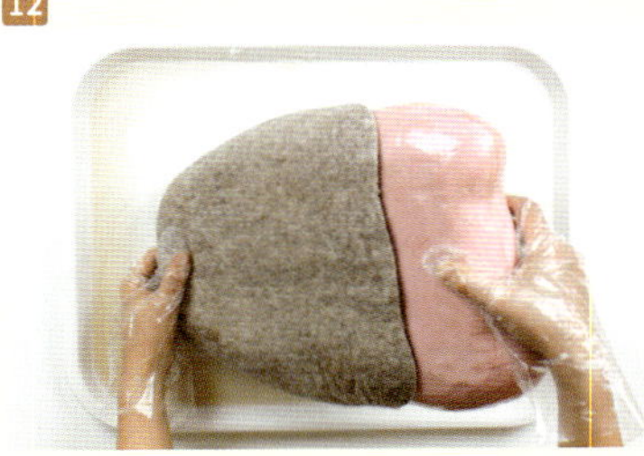

자른 부분을 통해 바디를 꺼낸다.

13

자른 부분을 손으로 압축한 후 충분히 세척하여 건조한다.

14

가방끈을 만들기 위해 황토색 양모를 둥글게 말고 니들로 찔러 고정한다.

15

양쪽 끝부분은 납작하게 3겹이 되도록 접어서 니들로 찔러 고정한다.

16

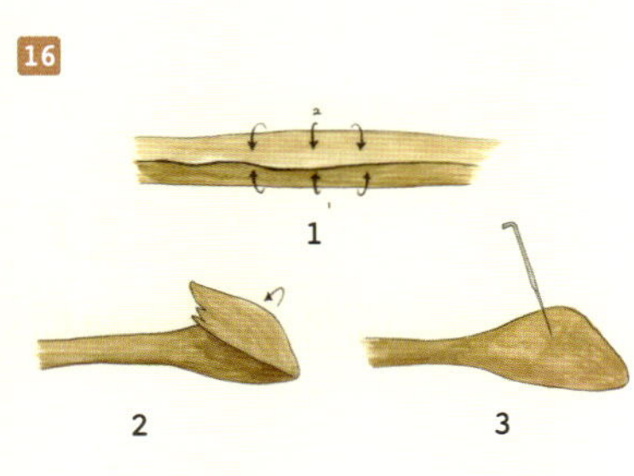

가방끈 만드는 방법

17

적당한 물과 세제를 이용하여 손으로 압축한다.

18

압축 작업이 90% 정도 되었을 때 끈 양쪽 부분을 동그랗게 자르고 압축한다.

19

얇게 분리한 진갈색 양모를 손으로 꼬아 주면서 니들로 찔러 눈과 깃털 라인, 부리, 발 등을 표현한다.

20

뒷면에도 진갈색 양모를 니들로 찔러 날개 라인을 표현한다.

21

다양한 컬러 양모를 이용하여 부엉이 얼굴을 표현한다.

22

섬세한 부분까지 니들로 찔러 표현한다. 안에서부터 시작해 밖으로 작업해 나간다.

23

바느질(반박음질)로 세부를 표현한다.

24

가방끈을 핀으로 임시 고정한다.

25

가방끈을 바느질로 연결하되 펠트 전체 두께를 이용해 튼튼하게 바느질한다.

26

완성(앞모습)

27

완성(뒷모습)

부록

기타 작품 사진

동물의 꿈

양모, 아이소핑크, 캐스팅펠트, 입체펠트, 가변설치, 2013

닭의 꿈

양모, 아이소핑크, 입체펠트, 가변설치, 2013

닭의 꿈

양모, 아이소핑크, 입체펠트, 가변설치, 2012

닭의 꿈

양모, 아이소핑크, 입체펠트, 가변설치, 2012

닭의 꿈

양모, 아이소핑크, 입체펠트, 17×9×16cm, 2012

닭의 꿈

양모, 아이소핑크, 입체펠트, 각 17×9×16cm, 2013

닭의 꿈

양모, 아이소핑크, 입체펠트, 17×9×16cm, 2010

닭의 꿈
양모, 아이소핑크, 입체펠트, 가변설치, 2009

부엉이의 꿈

양모, 아이소핑크, 입체펠트, 가변설치, 2012

부엉이의 꿈

양모, 아이소핑크, 입체펠트, 가변설치, 2009

키즈 카펫

양모, 물펠트, 93×115cm, 2011

키즈 카펫

양모, 물펠트, 77×8cm, 2011

원앙의 꿈

양모, 아이소핑크, 입체펠트, 가변설치, 2012

원앙의 꿈

양모, 아이소핑크, 입체펠트, 49×12×16cm, 2013

토끼의 꿈

양모, 아이소핑크, 입체펠트, 가변설치, 2010

토끼의 꿈

양모, 아이소핑크, 입체펠트, 가변설치, 2010

쿠키 파티

양모, 아이소핑크, 입체펠트, 가변설치, 2012

고양이의 꿈

양모, 아이소핑크, 입체펠트, 각 12×17×11cm, 2011

산이의 기차

양모, 캐스팅펠트, 지름 17cm, 2004

도마뱀

양모, 캐스팅펠트, 지름 23cm, 2004

쿠키 파티

양모, 캐스팅펠트, 각 24×24×12cm, 2012

우산의 꿈

양모, 우산, 캐스팅펠트, 입체펠트, 가변설치, 2012

자르다-자동차 바퀴

양모, 물펠트, 니들펠트, 50×35cm, 2013

사유(思惟)

양모, 아이소핑크, 입체펠트, 40×43×4cm, 2010

동물의 꿈

양모, 아이소핑크, 입체펠트, 45×37×6cm, 2010

도시 농부의 작업실

양모, 캐스팅펠트, 가변설치, 2010

기(器)

양모, 캐스팅펠트, 가변설치, 2012

지구를 지키고, 우리를 지키고

양모, 아이소핑크, 입체펠트, 120×40×40cm, 2008

로드킬-고양이
양모, 아이소핑크, 입체펠트, 57×47×112cm, 2008

로드킬-멧돼지

양모, 아이소핑크, 입체펠트, 89×48×111cm, 2008

독서-꿈

양모, 아이소핑크, 입체펠트, 19×27×18cm, 2013

동물의 꿈

양모, 아이소핑크, 입체펠트, 가변설치, 2008

동물의 꿈

양모, 아이소핑크, 입체펠트, 가변설치, 2009